KB124981

미처 알지 못했던 먹을거리에 담긴 역사 이야기

밥상 위의
한국사
위의

밥상 위의 한국사

초판 1쇄 인쇄 · 2017년 3월 25일
초판 1쇄 발행 · 2017년 3월 31일

지은이 · 민병덕
펴낸이 · 이춘원
펴낸곳 · 책이있는마을
기 획 · 강영길
편 집 · 이경미
디자인 · 디자인오투
마케팅 · 강영길

주   소 · 경기도 고양시 일산동구 무궁화로120번길 40-14(정발산동)
전   화 · (031) 911-8017
팩   스 · (031) 911-8018
이메일 · bookvillagekr@hanmail.net
등록일 · 1997년 12월 26일
등록번호 · 제10-1532호

ISBN 978-89-5639-276-9 (03910)

이 도서의 국립중앙도서관 출판예정도서목록(CIP)은 서지정보유통지원시스템 홈페이지(http://seoji.nl.go.kr)와 국가자료공동목록시스템(http://www.nl.go.kr/kolisnet)에서 이용하실 수 있습니다.(CIP제어번호: CIP2017006173)

* 한국출판문화산업진흥원의 출판콘텐츠 창작자금을 지원받아 제작되었습니다.

미처 알지 못했던 먹을거리에 담긴 역사 이야기

밥상 위의
한국사

민병덕 지음

책이있는마을

학생을 비롯한 독자들이 쉬운 역사를 쉽게 만날 수 있도록 생활사 중심으로 글쓰기를 시도한 지 벌써 20년이 넘었습니다.

그동안 학생이나 일반인들에게 어렵고 지루한 이론서 중심의 어려운 역사가 아닌, 쉽게 접하는 역사를 소개함으로써 역사의 대중화에 크게 이바지했음을 자랑으로 생각합니다. 이 일을 하는 데는 역사소설가 이재운 선생님과 '책이있는마을' 이춘원 대표의 도움이 없었다면 불가능했을 것입니다. 지면을 통해 감사의 인사를 드립니다.

사람이 살아가는 데 의식주는 가장 필요합니다. 그중에서도 먹는 문제가 시급한 문제일 것입니다. 근대 민주주의의 기초를 이룬 사건 중 하나인 '프랑스대혁명'도 작은 '빵' 때문에 일어났다는 사실은 먹는 문제가 얼마나 중요한지를 단적으로 보여줍니다.

이 책은 우리나라 사람들의 주식인 밥부터 즐겨 먹는 술, 떡, 김치, 차 등과 만병통치약으로 알려진 우황청심환에 이르기까지 모두 32가지의 먹을 것을 다루었습니다. 먹는 것의 유래를 비롯하여 그것과 관련된 역사적 사건까지 서술함으로써 단편적인 역사의 하나로 여길 수도 있는 먹을거리에 다양한 역사가 들어 있음을 알려주고 있습니다.

우리가 흔히 알고 있는 우황청심환 이야기만 해도 그렇습니다. 우황청심환은 중국으로 가는 사신들의 필수품이었습니다. 국경을 통과할 때 그곳을 지키는 병사나 관리에게 제공하면 무사히 통과할 수 있을 정도로 인기 있는 품목이었습니다. 이러한 사실은 우황청심환의 원천이 중국이라고 알고 있는 많은 사람들의 생각을 바로잡는 계기가 될 것입니다. 앞으로 우황청심환은 중국을 여행하는 사람들의 필수 쇼핑 품목에서 빠져야 하지 않을까요?

이처럼 소소한 이야기부터 음식들과 연결된 사건과 인물들의 다채롭고 풍성한 이야기가 펼쳐집니다. 이 책에 담긴 이야기는 학생들을 지도하면서 나눴던 이야기입니다. 학생들에게 익숙한 먹을거리를 주제로 한 이야기이므로 학생들뿐만 아니라 일반 독자들도 가벼운 마음으로 이야기의 맛을 음미하기 바랍니다. 역사는 먼 옛날이 아닌 바로 우리 주변에 있습니다. 이제 맛있는 먹을거리를 찾아 재미있는 여행을 떠나보시지요.

2017. 2.

민병덕

들어가는 말 _ 4

一 옛날에는 왕이 음식을 다 만들었다면서요? _ 9

二 옛날에도 다방이 있었나요? _ 32

三 우리 조상들은 1년 12달 12가지의 떡을 달리 먹었다면서요? _ 47

四 김치는 언제부터 담가 먹었나요? _ 67

五 옛날에는 감주가 술이었다고요? _ 76

六 소주를 약으로만 썼을 뿐 일상적으로 먹는 것은 금지했다면서요? _ 85

七 옛날에는 장맛으로 한 해의 가운을 점쳤다면서요? _ 111

八 옛날에는 절에서 국수를 만들어 팔았다면서요? _ 122

九 옛날에는 동지가 작은설이었다면서요? _ 136

十 발해 사람들은 돼지고기를 즐겨 먹었다면서요? _ 144

十一 옛날에도 시험을 칠 때에 엿을 붙이거나 먹었나요? _ 157

十二 옛날에도 얼음을 보관했다가 먹었나요? _ 165

十三 밥은 하루에 몇 번이나 먹었어요? _ 173

十四 옛날에는 임금 앞에서도 담배를 피웠다면서요? _ 184

十五 옛날에 임신을 하면 계란을 먹지 않았다면서요? _ 201

十六 수박을 처음에는 먹지 않았다면서요? _ 208

十七 고추나 후추 같은 향신료는 언제 들어왔나요? _ 220

十八 우리나라 인삼을 왜 고려 인삼이라고 하나요? _ 230

十九 잡탕이 궁중에서 먹던 음식이라면서요? _ 244

二十 조선시대에 감자 재배를 금지하기도 했다면서요? _ 251

二十一 우황청심환은 우리나라 고유의 한방약이라면서요? _ 264

二十二 언제부터 소를 농업에 이용하기 시작했나요? _ 273

二十三 먹는 김은 왜 이런 이름이 붙었을까요? _ 282

二十四 보신탕이 중국에서 유래된 것이라면서요? _ 292

二十五 두부가 왕릉에서 발달한 음식이라면서요? _ 298

二十六 중국과 일본은 숟가락을 거의 쓰지 않았다면서요? _ 304

二十七 설탕이 약으로 쓰였다면서요? _ 309

二十八 조선시대에 잡채를 잘 만들어 판서가 되었다면서요? _ 315

二十九 옛날에도 밸런타인데이가 있었다면서요? _ 321

三十 보쌈은 양반이 노비에게 내려준 음식이라면서요? _ 330

三十一 두 갈래 무가 여자들에게 인기 있었다면서요? _ 337

三十二 고구려가 동아시아를 지배한 이유 중 하나가 소금을 차지했
기 때문이라면서요? _ 343

참고문헌 _ 351

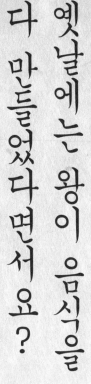

一

옛날에는 왕이 음식을
다 만들었다면서요?

붕당정치의 잘못된 점을 고치기 위해 탕평채를
만들어 신하들에게 먹였으며 신선로라는 찌개
를 만들기도 하였다.

한 나라의 지존인 임금이 음식을 만들었다면 이해하기가 힘들 것이다. 그러나 시대가 사람을 만들 듯이 임금으로 하여금 음식을 만들게 하였다. 우리가 당파 싸움이라고 알고 있는 붕당 정치는 영조와 정조에게 많은 아픔을 주었다. 조선의 21대 임금인 영조에게는 어머니에 대한 아픔이 있었다. 그의 어머니 숙빈 최씨의 원래 신분은 궁녀들의 심부름꾼인 무수리였다.

　무수리였던 최씨가 어떻게 영조의 아버지인 숙종의 눈에 띄었을까?

　　장다리는 한철이나 미나리는 사철이다

미나리는 사철이요 장다리는 한철이다
메꽃 같은 우리 딸이 시집 삼 년 살더니
미나리 꽃이 다 피었네

이 노래에서 '미나리'라 함은 인현왕후 민비를 뜻하고, '장다리'는 희빈 장씨(장옥정)를 뜻한다. 이렇게 볼 때 이 노래는 첩은 한철에 본처는 사철에 비유해서, 첩에 빠져 있는 남편에게 그 잘못을 일깨우고 본처에게 돌아오기를 말하고 있는 것으로 보인다.

왕을 둘러싼 왕비와 후궁들 사이에는 늘 암투와 시기 질투가 있었으니 그 최고봉이 조선 최고의 악녀로 알려진 희빈 장씨와 현모양처의 대명사로 존경을 받던 인현왕후라고 할 수 있다. 그런데 숙종을 사이에 둔 이 두 여인은 사실 서인과 남인의 붕당정치로 희생된 것이었다.

인현왕후는 본관이 여흥으로 여양부원군 민유중의 딸이다. 인현왕후는 덕이 높고 인자하며 아량이 넓어 모든 일을 넓은 마음으로 처리해 나가는 보기 드문 여성이었다.

1681년(숙종 7) 천연두로 세상을 떠난 인경왕후 김씨의 뒤를 이어 15세에 왕비가 되었다. 숙종의 후비로 궁궐에 들어간 지 6년이 지나도록 왕자를 생산하지 못하니 나라의 큰 걱정이 되었고 왕비 자신에게도 큰 걱정이었다. 그리하여 늘 생각하기를, 기왕 자신이 왕자를 생산하지 못할 바에야 차라리 임금께서 늘 마음에 둔 장옥정을 다시 데려다가 인연을 맺게 하는 것이 왕비로서 현명한 도리라고 생각하였다.

장옥정은 인조의 계비인 장렬왕후 조씨(조대비)의 궁녀로 입궁하였다. 원래 장옥정은 야망이 큰 소녀였다. 숙부 장현은 비록 중인이었지만《숙종실록》에 나라의 거부로 기록될 만큼 부자였다. 그런데 서인들이 일으킨 '복창군 복위 사건'으로 집안이 풍비박산 났다. '복창군 복위 사건'은 '홍수紅袖의 변'이라 불리기도 한다. 홍수는 나인을 말한다.

인조의 셋째 아들인 인평대군의 장남인 복창군이 숙종의 왕권에 위협이 된다고 생각한 명성왕후가 복창군이 나인들과 불륜을 맺었다며 처벌한 사건이다. 애초에 이 사건은 무고로 드러나 남인들이 거세게 반발하자 명성왕후가 남인과 복창군을 함께 처벌할 것을 주장하면서 남인들이 화를 당하게 되었던 것이다.

이때 장옥정의 집안은 풍비박산 났고, 장옥정은 집안을 다시 일으켜 세우고 자신의 신분을 높이기 위한 방법은 오직 궁궐에 들어가 왕의 승은을 입는 것이라고 생각하였다. 마침내 그녀는 어머니의 애인인 조사석의 소개로 동평군을 만나 궁인이 되었다. 이렇게 인조의 계비인 자의대비전의 궁녀가 된 옥정은 짧은 시간에 숙종과 만나게 되었다.

　숙종은 20세의 한창 나이에 11세에 맞은 동갑의 부인 인경왕
후 김씨를 잃어 외로움에 젖어 있던 터라, 실록에 자못 얼굴이 아
름다웠다고 기록된 미녀 옥정에게 쉽게 사랑을 느꼈다.

　그러나 이를 용납할 수 없던 한 사람이 있었다. 바로 숙종의 생
모이자 현종의 비인 명성왕후 김씨였다. 그녀는 머리가 매우 뛰
어나고 총명하였으나 성격이 거칠고 사나워, 남편인 현종이 역
대 조선 국왕 가운데 유일하게 후궁을 거느리지 못한 왕이었다
고 전해질 정도였다. 그런 그녀가 중인 출신인 희빈 장씨가 마음

현종과 명성왕후를 모신 숭릉(구리 동구릉 내)

에 들 리 없었다. 그녀는 희빈 장씨를 천하고 무식하며 성품이 극악하다는 이유로 조대비전에서 쫓아냈던 것이다.

인현왕후가 희빈 장씨를 다시 궁궐로 불러들인 때는 명성왕후가 이미 세상을 떠난 뒤였다. 명성왕후는 1683년(숙종 9)에 아들 숙종이 어의도 알지 못하는 괴이한 질병에 걸려 생사를 넘나들자 무속신앙에 의지하게 되었다. 평소에도 무속신앙에 깊이 빠져들었던 명성왕후로서는 그것이 어미가 해줄 수 있는 마지막 치료라고 여긴 듯했다.

그녀는 외아들인 숙종이 아무 일 없이 병이 치유되기를 기원하는 굿을 하였다. 무당은 "지금의 왕에게 삼재三災가 있어 기질을 앓고 있는 것이니 왕의 쾌유를 위해서는 왕의 어머니인 명성왕후가 삿갓을 쓰고 홑치마만 입은 채 물벌을 서야 한다."고 계시를 내렸다. 이에 명성왕후는 무당의 헛소리를 그대로 받아들여 살을 에는 듯한 한겨울 추위에도 삿갓을 쓰고 홑치마만 입은 채 물벼락을 맞았다. 그리고 그 후유증으로 지독한 독감에 걸렸고 그해 12월 5일(양력 1984년 1월 21일)에 창경궁 저승전에서 세상을 떠났다.

시어머니 명성왕후가 세상을 떠났으므로 인현왕후는 대왕대비인 장렬왕후를 만나 여러 번 간청하였고, 장렬왕후는 처음에는 희빈 장씨의 재입궐을 만류하는 척하다가 장씨를 아껴왔던 터라 마침내 1686년(숙종 12) 4월에 그녀의 재입궐을 허락하였다. 숙종의 전교로 희빈 장씨를 불러들인 것은 그해 5월 16일이었다.

하지만 인현왕후의 뜻으로 다시 궁궐에 들어온 희빈 장씨는 궁궐에 들어오자 남인들과 결탁하고 국정을 어지럽히면서 단번에 큰 세도를 부리게 되었다. 1688년 희빈 장씨가 아들 균(경종)을 낳은 지 두 달 만에 숙종은 신하들의 반대에도 불구하고 균을 원자로 세웠다. 그리고 1689년(숙종 15) 4월에 숙종은 투기와 자식을 낳지 못했다는 죄명을 씌워 마침내 인현왕후를 폐위시키는 명령을 내리고 만다. 이어 송시열을 비롯한 노론을 축출하고 남인을 대거 등용하였으니, 이를 기사환국이라고 한다. 그리고 희빈 장씨를 왕비로 책봉하였다.

궁녀 최씨는 궁녀들 중 가장 낮은 지위인 무수리로 효자동에 살다가 숙종 때 궁궐로 들어왔다. 어느 날 최씨는 희빈 장씨의 모략으로 쫓겨난 왕비 민씨를 그리면서 방에다 민씨의 생일 음식을 차려놓고 기도하다가 암행하던 숙종에게 발각된다. 임금이 그 사유를 다 듣고는 최씨의 지성과 인정에 감동하여 그녀를 가까이하게 되었고 자신의 잘못 또한 깨닫게 되었다. 궁녀 최씨는

희빈 장씨의 묘(대빈묘, 고양시 서오릉에 있다. 한감자블로그님 제공)

얼마 후 옥동자를 낳았으니 그가 곧 영조이다.

자신의 잘못을 깨달은 숙종은 중전 장씨에 대한 감정이 악화
되어 있었고, 반면에 민씨를 폐위시킨 것을 후회하고 있던 터라
오히려 민암 등의 남인을 축출해버린다. 그리고 중전 장씨를 다
시 빈으로 강등시키고 폐비 민씨를 복위시켰다. 또 노론계의 송
시열, 민정중, 김익훈 등의 관작을 복구시키고 소론계를 등용하
여 정국 전환을 꾀하였는데 이 사건이 갑술환국이다.

1701년(숙종 27) 인현왕후가 34세를 일기로 세상을 떠나자 장
씨는 재기를 꿈꾸었다. 그러나 서인들은 장씨의 목숨을 끊어놓

지 않으면 언제 화를 당할지 모른다고 생각하였고 기사환국과 같은 일이 다시 일어날지도 모른다고 생각했으며, 숙종도 장씨를 희생양으로 삼아 왕권을 강화하고자 하였다. 그리하여 마침내 숙종은 희빈 장씨에게 자결을 명령하였다.

이처럼 중인으로 신분제에 맞섰던 장씨는 당쟁을 이용해 왕비까지 올랐으나 역시 당쟁 때문에 비참하게 생을 마감하고 말았다. 숙종은 이후 빈嬪을 후비后妃로 승격하는 일을 없애는 법을 새롭게 만들었다.

희빈 장씨는 사약을 받고 죽으면서 아들인 경종의 급소를 발로 차게 되었으며, 그 여파로 경종은 시름시름 아프기 시작하였다. 숙종이 세상을 떠나고 경종이 즉위하였으나 임금으로서 나랏일을 맡아보기에는 너무나 허약하였다. 더구나 경종에게는 후사가 없어 동생인 연잉군을 왕세제로 삼아 나랏일을 보게 하였다. 1724년(경종 4)에 경종이 뒤를 이을 아들 없이 죽자 연잉군이 왕위에 오르니 그가 곧 영조이다.

영조가 왕위를 잇자 이에 찬성하고 반대하는 신하들 간에 당파 싸움

영조의 초상화

사도세자의 어머니인 영빈 이씨의 묘인 수경원. 고양시 서오릉에 있다.
(한감자블로그님 제공)

이 벌어졌다. 영조의 임금 즉위에 대한 찬반은 아들 사도세자에
게로 이어졌고, 결국 당파 싸움의 물결은 사도세자를 죽음으로
몰아갔다. 시파時派와 벽파僻派가 대립한 결과였다. 시파는 세자
를 좋아하는 사람들로 이루어진 모임이고, 벽파는 세자를 뒤주
에 가두어 죽게 한 사람들의 모임이다.

　사도세자는 영조가 42세에 생산한 왕자이다. 사도세자가 태어
남과 동시에 영조는 정비인 정성왕후의 아들로 입적시켰다. 영
조의 이러한 발 빠른 조치는 자신이 무수리의 아들이라는 점과

숙종의 아들이 아닐지 모른다는 소문 때문이었다. 이러한 미약한 정통성에다 이인좌의 난까지 일어나자 영조는 무엇보다도 정통성의 확보가 시급하였던 것이다.

영조는 사도세자를 이 나라를 잘 이끌어나갈 임금으로 키우고 싶었다. 영조의 기대대로 사도세자는 태어난 지 6개월 만에 영조의 부름에 대답을 하였고, 7개월 만에 동서남북의 방향을 분간하였으며, 2세에는 이미 한자를 배우기 시작하여 60여 자의 한자를 썼다고 한다.

그러나 시간이 지날수록 사도세자는 영조의 기대와 달랐다. 영조가 사도세자에게 "요즘 글을 읽는 것이 좋으냐, 싫으냐?"라고 물으면, 사도세자는 "싫을 때가 많습니다."라고 대답하면서 점점 공부에 흥미를 잃어버리니 영조의 실망이 컸던 것이다.

영조의 실망은 세자를 반대하는 벽파들을 자극하였다. 벽파는 세자에 관해 나쁜 소문을 퍼뜨려 백성들의 인심과 영조의 신임을 더욱 잃게 할 계획을 실행하였다. 그로부터 시작된 사도세자에 대한 소문은 이러했다.

1. 어느 날 세자가 동궁전 뒷마당을 산책하다가 개미 떼를 보았다. 그중 몇 마리를 발로 밟아 죽였다. 그러다가 나중에는 미친 듯이 개미를 밟아 으깨었다. 그렇게 수도 없이

개미를 죽이고 나서도 세자는 흥분을 가라앉히지 않고, 호미를 가져오게 하여 개미굴을 파헤쳤다. 마침내 여왕개미를 잡아냈다. 세자는 그 여왕개미의 다리를 하나하나 떼어내고, 마침내 목을 떼어 죽였다. (이 사건을 목격했다고 주장한 사람은 동궁전에서 세자를 보살피던 궁인이라고 한다. 하지만 저승전 궁인들은 도리어 그 반대로 가르쳤는데 과연 그럴 수 있을까?)

2. 어느 날 서명달이라는 아흔 살 먹은 신하가 세자를 알현하였다. 그러자 세자가 "반갑다." 하고 반말로 대했다. 영조는 이 말을 듣고 "반갑소."라고 하지 않았다며 몹시 화를 내었다.

3. 창덕궁 대조전에서 개 한 마리를 기르고 있었다. 어느 날 이 개가 세자를 알아보고 꼬리를 쳤다. 세자는 한참 동안 개와 어울려 놀더니 개를 묶어놓고 밥을 먹였다. 개가 밥을 먹지 않자 "먹어라, 먹어라!" 여러 차례 명령을 내렸다. 그래도 개가 밥을 먹지 않자 세자는 개를 발로 찼다. 방금 전까지만 해도 재미있게 놀던 사이였는데도 말이다. 발길질을 당한 개가 화가 났는지 세자의 손을 물어 피가 났다. 그러자 세자는 주변에서 머리통만 한 돌을 주워와 개를 쳐 죽였다. 그것도 피가 흥건하도록. 세자는 피

물은 옷을 벗지 않고 그대로 궁궐을 돌아다녔다. (이런 사건이 있고도 세자는 대리기무를 수행했다고 하니 이상한 일임에 틀림없다. 노론 벽파가 나중에 조작했을 것이다.)

4. 세자가 미쳐서 이따금 세자빈 홍씨를 구타하여 홍씨의 신음소리가 궐내에 진동했다.

5. 세자는 변태성욕자라서 밤새 어디론가 토색질을 하고 다니다가, 아침이면 갈기갈기 찢어진 옷을 입고 벙글벙글 웃으면서 돌아다녔다. (이런 이야기는 반드시 영조의 귀에 들어가야만 잠잠해졌다. 모든 소문은 영조를 향하여 만들어지고, 그래서 반드시 그쪽으로 옮겨져야만 꼬리를 감추었다.)

6. 1752년(영조 28, 임신년)에는 이상한 상소가 접수되었다. 어쩌면 이런 상소가 영조에게까지 올라가는지 신기할 정도다. 대부분의 상소는 의정부나 의금부, 사헌부에서 불법적으로 차단되는 게 상례다.

상소문을 보낸 자는 홍준해, 세자 문제로 신하들 간에 파벌이 조장될 우려가 있으니 세자를 잘 거두어야 한다는 내용이었다. 노론 벽파는 즉각 모반 사건이라며 이 문제를 확대하고자 들고일어났다. 이 일로 해서 목소리 큰 노론의 주장이 받아들여졌다.

세자는 저절로 왕이 되는 것도 기다리지 못해 일찌감치

영조를 제거하고 스스로 왕위를 차지하려 했다는 죄인으로 낙인찍히고 말았다. 그래서 선화문 앞에서 거적때기를 깔아놓고, 그 자신 뭐가 뭔지도 모르는 잘못에 대해서 빌었다. (물론 이 순간 왕을 설득하여 이 정도면 되었으니 그만 죄를 풀어주라고 한 자들도 노론 벽파들이었다. 세자에게 이 나라 조선은 권신들에 의해 움직이는 것이지, 왕이 무소불위의 권력을 남발하면 못쓴다는 사실을 준엄하게 가르쳐두고자 한 것이다.)

7. 비원에서 있었던 일이라고 소문은 전한다. 세자가 내시를 데리고 활쏘기를 하다가 내시를 향하여 무수한 화살을 쏘아댔다. 내시는 미친 세자가 쏘아대는 화살을 피하느라 혼비백산하여 이리 뛰고 저리 뛰었다. 그러다가 마침 근처를 지나가던 궁녀 한 사람이 허벅지에 화살을 맞아 쓰러졌다. 그 뒤로 세자가 내시를 활로 쏘아 죽였다. 궁녀를 일렬로 세워놓고 활로 쏘았다는 소문까지 났다.

8. 어느 날 세손 책봉식에 참석한 영조는 세자를 가리켜 냄새가 너무 난다고 쫓아냈다.

9. 어느 날 세자가 옷을 홀딱 벗고 그 옷을 갈가리 찢었다. 그러고는 보료도 찢어발기고 온갖 가구를 다 부순 채 미친 사람처럼 방에 서 있는 걸 세자빈 홍씨가 보았다. 걱정

하는 세자빈 홍씨를 세자가 바둑판으로 내리찍어 세자빈의 이마에서 선혈이 낭자하게 흘렀다. 이후로 세자는 이유 없이 소리를 질러대고 이리저리 날뛰었다.

10. 세자가 온양온천에 다녀와서 영조에게 문안을 올리지 않았다. 이걸 들어 상소문이 빗발쳤다. 특히 노론 벽파가 벌떼같이 일어나 세자를 벌하라고 영조를 볶아댔다.

11. 세자에게 옷을 입히던 박 귀인이 어느 날 봉변을 당했다. 세자는 옷이 잘 안 입혀지자 박 귀인을 주먹으로 쳐서 때려 죽였다. 이후로 또 궁녀가 죽었다는 소문이 심심찮게 궐내에 퍼졌다.

12. 영의정 이천보가 자결했다. 이어서 우의정 민백상이 자결했다. 그런데 소문은 엉뚱하게 두 사람 모두 세자의 칼에 죽었다고 났다. 이후 세자는 아마도 영조마저 죽일 것이라는 소문이 파다했다. 이어서 좌의정 이후가 또 자결을 했다. 역시 세자의 짓이라는 소문이 떠돌았다. (어떻게 측근도 없던 세자가 삼정승을 차례로 죽일 수 있었는가? 그리고 어떻게 삼정승이 뚜렷한 이유 없이 연달아 자살할 수 있었는가? 과연 이 삼정승은 누가 죽인 것인가? 자살인가, 타살인가, 아니면 병사인가?)

13. 마침내 세자의 광란이 극에 달해 닥치는 대로 물건을 쳐

부수고 닥치는 대로 사람을 때려눕혔다. 그리고 영조 몰래 궐 밖 행사를 밥 먹듯이 했다. 비용을 대는 내수사 출납관원 박내경이 자제를 호소하자 그의 목을 쳐버렸다. 이 사건에 이어 영조 앞으로 상소문이 빗발쳤다.

14. 노론 벽파와 정순왕후는 세자에게 마지막 일격을 가할 준비를 하였다. 그때 등장한 행동대원이 나경언이라는 사람이다. 형조판서 윤급, 한성판윤 홍계희, 그리고 정순왕후가 심어놓은 생부生父이자 부원군 김한구, 이렇게 세 사람이 최종 모의를 하였다. 세 사람은 그동안 나돈 소문을 모조리 모았다. 영조가 미처 돌아보지 못했던 것까지 일일이 적었다. 그렇게 하여 나경언의 이름으로 상소를 냈다. 이 일로 영조는 세자에게 주었던 일말의 정마저 완전히 가두어들였다.

15. 정순왕후는 영조에게 "세자가 칼을 차고 담을 넘어오다가 넘어져 거사에 실패했다."라고 고변했다. 덧붙이기를, 동궁에 영조의 빈소를 차려놓고 제사를 지내고 있다고 했다. 영조를 죽이지 못하니까 아예 죽기를 비는 마음에서 빈소까지 차렸다는 것이다. 소문이 아니라 정순왕후의 입에서 그런 말이 나왔다. (세자가 칼을 차고 돌아다닐 만큼 궁궐 수비가 허술하지는 않다. 더구나 노론 벽파가 시퍼

렇게 눈을 뜨고 감시하는 곳을…….)

영조는 나경언의 고변을 듣고는 대신들에게 세자의 비행이 이
렇게 많은데 숨겼느냐며 호통을 쳤다. 그러므로 그때까지 영조
는 단 한 번도 들어보지 못한 일이라는 것이다.

영조는 나경언이 충신이라며 살려주었다. 소식을 듣고 깜짝
놀란 세자가 창경궁에서 창덕궁까지 한달음에 달려갔다.

입笠과 포袍 차림으로 뛰어온 사도세자가 뜰에 엎드렸다. 영조
는 세자가 온 줄 알고도 일부러 문을 닫고 한참 동안 기척을 보이
지 않았다. 승지가 살짝 알리니 영조는 못 이기는 척 창문을 홱
밀치면서 버럭 소리를 질렀다.

"네가 왕손王孫의 어미를 때려 죽이고 비구니를 궁으로 들였으
며, 서로(西路: 평안도)나 북성(北城: 함경도)으로 나가 유람했다는
데, 이것이 어찌 세자로서 행할 일이냐?"

"아바마마, 한 가지도 사실이 아니옵니다. 다 모함입니다."

"봐라, 봐라. 한마디도 지지 않고 바락바락 대들잖느냐? 세자
가 이런 짓을 하는 동안 대신들은 어찌 나를 다 속였단 말인가.
나경언이 없었더라면 내가 이런 비밀을 어찌 알았겠는가? 이러
고도 나라가 망하지 않겠는가? 아이고 큰일 났구나!"

세자는 분함을 이기지 못하고 나경언과 면질(面質: 양쪽을 대면

시켜 심문함)하기를 청하며, 사실이라면 자결하겠다는 말까지 하였다.

세자가 자결을 한다고 하니 영조는 더욱 화를 내며 세자에게 "미쳐라."라는 말까지 하였다. 세자는 일단 밖으로 나와 금천교에서 무릎을 꿇었다. 관리들은 따라 나오며 위로하였다. 하지만 세자에게 관리들은 믿을 수 없는 존재들이었다. 세자는 모든 것이 노론 벽파의 짓이란 것을 알고 있다. 노론 벽파는 세자가 임금이 된다면 살아남지 못할 것이라는 사실을 알기 때문이었다. 아버지인 영조는 세자를 구하려고 애쓸 것이다. 하지만 힘에 부치면 바로 꼬리를 내릴 것이다. 영조의 고민은 커져만 갔다.

'내가 죽고 세자가 즉위하면…… 노론 벽파들은 세자를 독살할지도 몰라. 세자가 독살되면 세손이 왕이 될 수 있을까?'

세자가 독살되면 세손에게도 왕통이 제대로 내려갈 리가 없다. 이때 세자의 생모인 영빈 이씨가 찾아왔다.

"전하, 우리 세자를 이대로 두면 왕실이 무너지옵니다. 제 몸으로 생산한 자식이지만 세자를…… 죽여야만…… 왕실이 온전해지옵니다."

"나경언의 고변을 믿는단 말이오?"

"전하, 믿고 안 믿고가 무슨 상관이옵니까? 저들이 한번 작정했으면 사실로 굳힐 것이고, 우리 둘이 우긴들 무슨 힘으로 이겨

내옵니까?"

"우리 아들을 폐위시키면 어쩌자는 거요? 또 소현세자의 후손을 찾아야 하오?"

"전하, 세손이 있지 않사옵니까?"

"세손? 우리 산이가 올해 몇 살이오?"

"열한 살이옵니다. 전하께서 옥체가 건강하시니 세손 나이는 충분하옵니다."

영빈 이씨의 말에 영조는 고개를 끄덕였다. 곧바로 영조는 세자를 죽이기로 마음먹었다.

"세자를 휘령전으로 들라 해라!"

영조의 명을 받은 내시가 저승전으로 가 세자와 함께 휘령전으로 왔다. 휘령전에는 영조와 소식을 듣고 온 신하들이 와 있었다. 휘령전은 영조의 정비인 정성왕후 서씨의 위패를 모신 곳이다. 아들이 없던 정성왕후는 세자를 진정으로 아끼며 사랑하였다. 영조는 세자에게 정성왕후 위패에 예를 표하게 하였다. 영조는 예를 마치고 난 세자에게 칼을 던졌다.

"자진하거라!"

그러나 세자는 자진하기를 거부하였다. 이에 영조는 뒤주를 가져오게 하였다. 뒤주가 휘령전으로 들어오자 영조는 세자에게 물을 내려주라 명하였다.

창경궁 휘령전. 사도세자가 자진하고 나서 문정전으로 바뀌었다.

　"이제 뒤주 속으로 들어가면 물을 찾게 될 것이니 실컷 마시도록 하라."

　때는 삼복더위가 기승을 부리는 시절이라 물 없이는 잠시도 견딜 수 없었다.

　세자는 모든 것을 체념한 듯 내시가 건네준 물을 벌컥벌컥 들이마셨다.

　"세자는 들어라. 이제 뒤주 속으로 들어가거라."

　세자는 말없이 뒤주 속으로 들어갔다. 세자가 뒤주 속으로 들어가자 뚜껑에 못을 박고 동아줄로 뒤주를 꽁꽁 묶어버렸다.

영조는 그제야 자리에서 일어섰다. 영조의 뒤를 따라 관리들도 물러났다. 뒤주 근처에는 금군들만 있었다. 이때 세손 산이 슬그머니 뒤주로 다가왔다. 금군들은 산이를 막지 않았다. 어찌 부자간의 정을 끊을 수가 있으랴.

"아바마마!"

산은 나지막이 세자를 불렀다. 더위에 지쳐가던 세자에게는 산이의 목소리가 달콤한 물 같았다.

"산이냐?"

"네."

"너는 누구도 믿지 말거라. 그리고 네가 살길은 오직 조심, 또 조심하는 길밖에 없느니라."

잠시 숨을 고른 세자가 말을 이었다.

"산아, 절대 누구도 믿어서는 안 된다. 그리고 할바마마께 들키면 큰일이니 어서 이곳을 떠나거라."

산은 눈물을 흘리며 뒤주 곁을 떠났다. 그리고 7일 만에 세자는 세상을 떠났다.

그리하여 영조는 아들을, 정조는 아버지를 잃는 아픔을 맛보게 된 것이다. 이에 두 사람은 싸움을 그만두게 하면서 왕의 힘을 기르기 위해 탕평책蕩平策이라는 정책을 쓰게 되었다.

붕당은 벼슬을 얻기 위해 고향과 스승 등을 끈으로 모인 사람

사도세자를 모신 융릉 전경(화성시)

들의 모임이다. 그리하여 힘 있는 사람에 편들고 아첨하고 붙는 사람들의 모임이라고 할 수가 있다. 이 때문에 '어느 쪽에도 편들지 않고(불편부당: 不偏不黨) 모든 일을 공평하게 처리하자(탕탕평평: 蕩蕩平平)'는 탕평책을 쓰게 된 것이다. 영조는 이것을 널리 알리기 위해 '탕평비'까지 세웠다.

그런데 붕당의 문제점의 하나는 음식과 의복에서도 차이가 나는 것이었다. 다른 당파에서 먹는 음식은 먹지 않았다. 또 치마와 저고리를 길게 입는 당파가 있으면, 짧게 입는 당파도 있었다.

뿌리 깊은 사색당파에 골치를 앓고 탕평책을 생각하던 영조는 각기 다른 당색의 정승, 판서를 모이게 하여 술상을 자주 내렸다. 그리고 우리나라 각 지방에서 나는 모든 반찬과 음식을 신선로에 한데 모아 찌개를 끓여서 술과 더불어 주었다. 서로 반대하면서 싸움을 하는 원인을 없애면서 화합의 마당을 마련할 필요에서 함께 음식을 나누어 먹도록 만들어진 것이 바로 신선로이다.

"어서들 많이 드시오."

신하들은 임금이 내려준 음식이니 먹지 않을 수가 없었다.

또 하나의 음식으로는 탕평채湯平菜를 들 수 있다.

원래 봄이 되어 얼음이 녹을 무렵에 먹는 계절 음식인 탕평채는 녹두묵에 고기볶음, 미나리, 김 등을 섞어 만든 묵무침 등 각 지방의 음식을 말한다. 음력 3월 3일 삼짇날에 두견화부침·꽃국수·진달래·꽃나물·향애단(쑥경단)과 함께 먹는 계절 음식이다. 이것도 역시 영조 때 여러 붕당이 잘 협력하자는 탕평책을 논하는 자리의 음식상에 술과 함께 올랐던 데서 나온 음식이다.

영·정조가 얼마나 붕당정치의 잘못된 점을 고치려고 했으면 탕평책이라는 정책을 쓰면서 음식까지 만들어 붕당 간의 화해와 국민들의 단결을 꾀했는가를 알 수 있게 해준다.

二 옛날에도 다방이 있었나요?

원래 다방은 차, 꽃, 과일, 술, 약 등을 공급하는 궁궐 내의 관청이었다. 조선시대에는 청계천에서 차를 끓여 파는 다모(茶母)가 있었다.

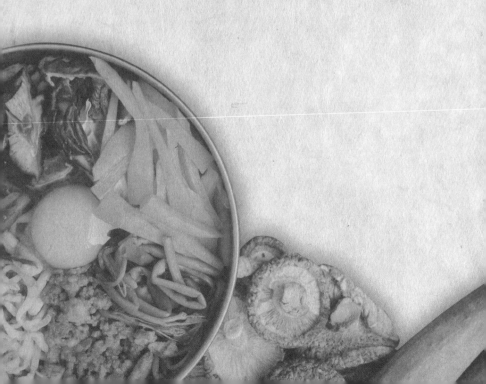

필자가 학창시절에는 주변에 다방茶房이 많이 있었다. 지금은 기차역 주변에서나 볼 수 있는 희귀한 존재가 되었지만 그 당시만 해도 흔한 장소였다. 지금은 카페가 본래 다방의 기능을 흡수하여 기능하고 있다. 다방이라고 하면 커피, 홍차, 우유, 콜라 따위의 음료를 판매하면서 사람을 만나거나 대화를 나눌 수 있는 공간을 제공하는 업소를 가리킨다. 다방에서 파는 음료 가운데 가장 인기 있는 품목은 커피다. 그래서인지 요즈음에는 "차를 마신다."고 하면 으레 '커피를 마시는 것'으로 알아듣는다.

　다방이 바뀐 카페는 한 걸음 더 나아가 음료뿐만 아니라 빵을 비롯한 간식거리도 팔고 있다. 흔히 '브런치 카페'라고 하여 아침

겸 점심을 함께 해결하는 장소로 바뀌었다.

그러나 옛날 우리 조상들은 커피가 아니라 '차茶'를 즐겨 마셨다. 우리나라에 차가 도입된 것은 7세기 전반인 신라 선덕여왕 때다. 이때 처음으로 당나라에 유학을 다녀온 스님이 경남 하동 근처에 차 씨앗을 심었다고 《삼국사기》에 전한다. 차에 대한 기록은 고려시대의 문인인 이규보가 쓴 《동국이상국집》의 〈남행월일기〉에도 보인다. 부안에 있는 개암사 원효방에 관한 글 중에 다음과 같은 내용이 있다.

하루 먼저 변산 소래사에 가니 절간 벽 위에 청평거사 이자현의 시가 있어 나도 2수를 화답하여 벽에 썼다. 다음 날 부령현령 이군 및 나머지 손님 6~7명과 함께 원효방에 이르렀다. 수십 칸 높이의 나무 사다리가 있어서 발을 후들후들 떨며 조심조심 올라가니 정원 계단과 창문이 수풀 위로 솟아 있었다. 듣기로 가끔 호랑이나 표범이 사다리를 타고 올라오려다가 결국 올라오지 못했다고 한다. 정원 곁에 암자가 하나 있었는데, 사포성인이란 사람이 전에 머물렀다고 한다. 사포는 이곳에 머물던 원효대사를 모시고 있었다고 한다. 사포가 물을 달여 원효에게 차를 올리려고 했으나 물이 없어 안타까웠다. 이때 바위틈에서 물이 올라왔는데, 맛이 매우 달아 이 물로 차를 끓여 원효에게 바쳤다.

선덕여왕 때 전래된 차는 원효가 활동하던 무열왕 이후 암자에서 먹을 정도로 크게 유행한 듯하다.

신라가 통일되면서 당나라와의 교류는 더욱 활발해졌다. 당나라로부터 수입하는 차의 양도 많아졌다. 그러나 가격이 비싸다 보니 선물이나 하사품으로 널리 쓰인 듯하다. 신문왕에게 들려준 설총의《화왕계》나, 경덕왕에게 도솔가를 지어 바치고 차를 하사받은 월명의 이야기에서 추정할 수 있다.

차를 본격적으로 재배한 것은 당나라에 사신으로 갔던 김대렴

하동 차 시배지 기념비

이 828년(흥덕왕 3)에 차의 종자를 가져왔고, 흥덕왕이 경상남도 하동군 지리산 쌍계사 근처에 심으라는 명령에 따라 차를 재배하면서 크게 번성하였다.

이때 차를 마시는 도구인 다구茶具는 당나라에서 수입하였다. 주로 절강성의 상호 지방에서 생산한 다구로 청화자기였다. 그러므로 신라시대에 사용한 다구는 수입품으로 귀족 등 지배층들이 사용하였다.《삼국유사》의 기록에 따르면 경덕왕이 왕사로 임명한, 〈찬기파랑가〉를 지은 충담이 매년 3월 3일과 9월 9일에 남산의 미륵세존에게 차를 올렸는데, 귀족들이 다구를 가지고 다니며 도왔다고 한다. 이러한 기록 등으로 미루어 당시의 차는 오늘날처럼 기호품으로 단순히 마시기 위한 것이 아닌 제祭를 올리기 위한 음식이었다고 여겨진다.

제를 올리기 위한 음식이라는 사실은 다연원茶淵院을 통해서도 알 수 있다. 다연원은 경주 남산의 창림사에 있던 다방이었다.《삼국유사》의 기록에 따르면 창림사 터는 신라의 시조인 박혁거세가 나라를 건국할 때 처음 궁궐을 지은 터였다. 창림사는 8세기 초에 창립되었던 것으로 추측된다. 왜냐하면 창림사 비문을 김생이 썼다고 하기 때문이다. 그러므로 창림사는 조선시대 왕릉 곁에 사찰을 지어 제를 모셨던 일종의 원찰願刹이라고 할 수 있다. 다연원은 원찰에서 제를 모시기 위한 음식과 차를 준비하

차 보급에 공헌한 초의대선사

기 위한 공간이자 임금이 이곳에 행차했을 때 신하들과 함께 차
를 마시며 담소를 나누던 공간이라고 하겠다.

불교가 국교로 확립된 고려시대에는 차 문화가 성행하였다.
궁궐에서 차는 술과 과자와 함께 대표적인 음식이다. 고려시
대의 대표적인 국가 행사인 팔관회와 연등회에서 차를 바치는
의식인 진다의식進茶儀式이 행해졌다. 또한 태자나 왕비의 책봉
식에도 진다의식이 행해지면서 차는 더욱 중요하게 생각되었
다. 이 때문에 궁중에서는 다방이라는 관청을 두어 차에 관한 일
을 맡아보게 하였고, 민간에는 차를 재배·제조하여 사찰에 공급
하는 다촌茶村까지 생겨나게 되었다. 송나라의 서긍이 개성을 방

문한 뒤 기록한《고려도경》에는 궁중의 진다의식에 대해 다음과 같이 적혀 있다.

　잔치를 할 때는 우선 정원에 차를 달여놓고, 연꽃 모양을 한 다관(茶罐: 주전자)에 차를 담아서 들고 손님 앞으로 천천히 가서 권한다.

　조선시대에도 외국 사신을 접대하는 일을 맡아보면서 과일, 술, 약 등을 공급하고 관리하는 관청으로 다방이 있었다. 관청에서는 '다시茶時'라 하여 차 마시는 시간이 있을 만큼 차를 즐겼다. 오늘날의 '티타임'이라고 할 수 있다. 더구나 세종 때에는 글씨, 계산, 시, 가례, 육전의 과목 중 세 가지만 합격하면 다방의 관리로 채용하는 시험까지 실시하였다.

　그러나 조선 중기 이후 불교가 쇠퇴하면서 차 문화는 승려와 일부

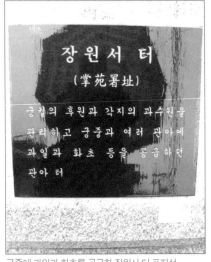
궁중에 과일과 화초를 공급한 장원서 터 표지석

유학자들을 중심으로 명맥을 유지하였고 그 대신 술 문화가 발달하였다. 그래서인지 대중적인 다방은 발달하지 않고 술을 파는 주점이 발달하였다.

　청일전쟁에서 승리한 일본은 시모노세키조약으로 청나라의 요동반도를 획득하였다. 그러나 부동항을 찾기 위해 남하정책을 추진하던 러시아가 이를 그대로 용납할 리 없었다. 러시아는 독일과 프랑스를 끌어들여 일본이 요동반도에서 철수할 것을 요구하였다. 이들 3개국에 대항할 수 없었던 일본은 눈물을 머금고 철수할 수밖에 없었다. 이를 '삼국간섭'이라고 한다.

　일본의 침략을 두려워한 명성황후는 일본의 침략을 막을 길은 러시아의 힘에 의존하는 수밖에 없다고 생각하였다. 때마침 한반도를 침략하려던 러시아는 공사 베베르의 처형인 독일인 손탁孫澤: Antoinette Sontag을 명성황후에게 접근시켰다. 평소 뛰어난 요리 솜씨와 말솜씨를 지닌 손탁은 명성황후의 마음을 얻기 위하여 서양 소식과 화장하는 법을 알려주었다. 나아가 명성황후와 고종에게 커피를 처음으로 대접하였다. 이후 고종은 커피 마니아가 되었으며, 손탁은 1890년에 정동에 있는 사옥을 하사받아 손탁호텔을 지었다.

　손탁호텔의 1층에는 정동구락부가 있었으며, 이곳이 우리나라 최초의 커피전문점 카페라 할 수 있다. 이때 커피는 가비加非: coffee 또는 가배加琲: cafe로 불렸다. 커피로 불리게 된 것은 우리 나라가 일본으로부터 독립하고 미군이 진주하면서 일본식 표현 이 영어식 표현으로 바뀌면서부터이다. 일반 백성들은 커피가 마치 한약을 달인 탕국과 같다고 하여 양탕국으로 불렀다.

삼국간섭으로 조선에서의 지배권을 잃은 일본은 절치부심하 였다. 모든 것이 명성황후의 농간이라고 생각한 것이다. 이에 일 본은 '여우사냥'이라는 암호명으로 명성황후 제거 작전을 펼쳤 다. 일본 육군 중장 출신 미우라의 지휘로 1895년 8월 20일(양력 10월 8일)에 일본 낭인으로 위장한 일본군 20여 명이 경복궁으로 침입하였다. 명성황후는 일본군의 눈을 속이기 위해 궁녀의 옷 으로 급히 갈아입었다.

건천궁으로 쳐들어온 일본군은 일본군 장교 와타나베 대위의 지휘 아래 궁녀들을 모두 집합시킨 후 아이를 낳은 여자를 확인 하기 위해 잡히는 대로 궁녀들의 옷을 벗겨 이를 확인하면서 모 든 궁녀들의 한쪽 가슴을 잔인하게 칼로 도려내고 명성황후를 찾아 시해하였다. 곧이어 건천궁 마당에서 시신을 불태운 후 유 골을 우물에 유기하였다. 이를 '을미사변'이라고 한다.

을미사변 후 일본은 을미개혁을 단행하였다. 을미개혁의 내

명성황후가 시해당한 옥호루. 2007년 복원하였다.

용은 '건양이라는 연호 사용, 양력 사용, 단발령 실시, 종두법 실시, 우편제도 실시' 등이었다. 유생들은 일본이 국모 명성황후를 시해하고 '부모님으로부터 받은 신체를 훼손하는' 단발령 실시에 반발하여 의병을 일으켰다. 일본군과 의병 간의 전쟁으로 불안을 느낀 고종은 러시아 공사관으로 피신하는 '아관파천'을 단행하였다. 러시아는 고종에게 커피 열매를 잘 으깨서 끓인 물에 넣고 우려내 대접하면서 조선의 삼림 채벌권과 광산 채굴권 등 이권을 빼앗아갔다.

1년간 러시아 공사관에 머물며 커피에 맛을 들인 고종은 덕수궁으로 환궁한 뒤 정관헌이라는 서양식 건축물을 짓고 커피를 즐겼으며, 신하들에게 커피를 권하거나 하사하기도 하였다.

고종은 좋아하던 커피 때문에 독살될 위기에 처하기도 하였다. 함경도 출신의 천민인 김홍륙은 러시아의 블라디보스토크를 왕래하며 러시아어를 익혀 역관이 되었다. 러시아와 조선이 수교를 맺을 무렵 조선 유일의 러시아 통역관으로 활동을 시작하여, 아관파천 당시에는 고종과 러시아 공사 베베르 사이의 통역을 담당하였다.

김홍륙은 아관파천 기간 동안 온갖 부정과 나랏돈을 착복하였는데, 고종이 덕수궁으로 환궁하자 그 죄가 드러나 흑산도로 유

덕수궁 정관헌 전경

배가게 되었다. 이에 앙심을 품은 김홍륙은 1898년(광무 2)에 어선주사 공홍식에게 독을 주어 임금에게 올리는 음식인 어선御膳에 타도록 하였고, 공홍식은 김종화에게 은 천 원을 주기로 약속하고 독을 타도록 시켰다. 김종화는 어선에서 서양 요리를 담당한 사람이었다.

김종화는 고종의 생일에 소매 속에 아편을 숨겨 수라간에 들어가서 마침 끓고 있던 커피에 아편을 집어넣었다. 그러나 고종은 커피를 마시기 전에 꼭 향을 즐기던 습관이 있었으니, 평소와 다르다는 것을 느끼고 커피를 버렸다. 고종과 함께 커피를 마시던 세자(훗날 순종)는 아무것도 모른 채 커피를 마셨다가 토했으나 그 독의 영향으로 치아를 18개나 잃었으며 심지어 후사를 잇지 못하게 되었다고 한다.

대궐 안은 발칵 뒤집혔고, 나라에서는 범인을 심문하기 위한 국청을 준비하였다. 이에 김종화와 공홍식은 겁을 먹고 자살을 시도하였으나 상처가 깊지 않아 목숨을 잃지 않았고, 결국 김홍륙과 김종화, 공홍식은 모두 잡혀 교수형에 처해졌다. 김홍륙의 시체는 한양도성 사람들이 끌어내 산산조각을 내버렸다.

이 사건 이후 임금에게 올리는 어선은 민영소가 대궐 안에서 숙직하면서 미리 맛을 보아 불의의 사고를 예방하였다.

커피가 양탕국으로 불린 사연은?

커피가 양탕국으로 불린 사연은 플레장(Plaisant)과 나무꾼의 이야기에서 유래되었다.

프랑스 상인인 플레장은 조선으로 오면서 어떤 사업을 할까 고민하였다. 플레장은 양반 귀족층들이 나무 땔감을 사용한다는 사실을 알고 땔감을 사들여 장사를 할 생각이었다. 그러나 이 사업의 일인자는 조선 사람인 최순영이었다. 그는 '장작왕'이라 불렸다. 최순영은 나무를 해오는 사람들을 사대문 밖에서 기다리다 모두 사들였다.

사정이 이러하니 서대문에서 장사를 시작한 플레장에게는 차례가 오지 않았다. 이에 플레장은 자기 이름을 '고양 부(富)씨'의 시조인 부래상(富來祥)으로 지은 다음, "고양 부씨의 화목장(火木場)으로 오시오. 그러면 값도 후하게 쳐주고 커피를 공짜로 주겠소."라는 광고를 하였다. 그리고 나서 자하문고개와 무악재를 넘어오는 나무꾼들에게 다가가 커피를 따라주며 나무를 사고자 하였다. 나무꾼들은 플레장이 따라주는 커피에 맛을 들였고, '자신들의 기운을 북돋아주는 서양 국물'이라고 하여 양탕국이라고 불렀다. 아마도 커피에 들어 있는 카페인이 나뭇짐을 짊어지고 오느라 지치고 힘든 나무꾼들에게 각성 효과를 주었기 때문일 것이다.

플레장이 커피 효과를 톡톡히 보자 최순영도 질세라 막걸리를 대접했는데 효과를 보지 못했다고 한다. 경성에 개설된 13개 시장 가운데 하나인 '부래상시장'의 존재로 미루어보아 플레장이 많은 부를 축적했음을 알 수 있다.

다방에서 일하던 사람을 다모라고 했나요?

조선시대에는 고려의 의료제도를 그대로 이어받아 왕실 전용 의료기관인 전의감, 서민들을 위한 병원인 동서대비원, 약국인 혜민국을 두었다. 여기에 중앙 병원인 제생원을 하나 더 설치했다.

전의감 터 표지석

그러나 조선시대 의료기관에는 의사가 모두 남자였다. 그러다 보니 남녀의 구분이 엄격하던 이 시대에 여자가 아플 경우에 문제가 생겼다. 여자가 아프면 진맥(아픈 사람의 맥을 짚어보아 병을 알아냄)할 때 환자의 팔목에 헝겊을 걸친다든지, 가는 실로 묶어 맥의 진동을 느끼는 것으로는 제대로 질병을 알아내기 어려웠다. 아예 남자 의원에게 치료받기를 거부하고 스스로 죽음을 택하는 경우까지 있었다. 이에 태종은 창고궁사에 소속된 계집아이 수십 명을 뽑아 침 놓는 법과 진맥법을 가르쳐 제생원에서 일하게 하였다. 그런데 이들을 가르치는 의원들이 남자였기에 양반집 규수들은 아예 참여를 하지 않아 주로 중인이나 하층민 출신 중에 뽑아 교육을 시켰다.

서울에만 있던 여자 의사들을 세종 때에는 지방에도 두게 하였으며, 그 뒤로도 여자 의사들의 필요성은 더욱 늘어나 임금들은 여자 의사의 양성에 많은 관심을 기울였다.

이러한 여자 의사들은 연산군 때부터 의술을 펼치는 것 이외에 다른 임무를 맡게 되었다. 지배층들이 혼인을 하면서 사치에 따른 문제점이 일어나자 혼수품 조사를 담당하였으니, 곧 경찰관의 임무가 부여된 것이다.

본격적으로 여자 경찰의 임무를 수행한 것은 선조 때 일어난 '정여립 반란 사건'때였다. 1589년(선조 22)에 일어난 정여립 반란 사건에 강견의 무고로 최영경이 안방에서 여자 경찰에게 잡혔다는 기록이 있다. 이때 여자 경찰을 '다모'라고 하였다. 다모는 원래 청계천변에서 차를 파는 여인을 가리키는 말이었지만, 임무를 수행하기 위해 신분을 노출하지 않으려고 여자 경찰도 다모라고 했다고 한다. 남녀가 유별한 시대에 여자만의 공간이라고 할 수 있는 안방에 남자가 접근하는 것은 어려웠기에 여자 경찰관을 만든 것이다.

여자 경찰은 키가 152센티미터 이상에 막걸리 세 사발을 단숨에 마실 수 있고, 쌀 닷 말은 번쩍 들어 멜 정도로 힘이 세야 될 수가 있었다. 한마디로 기운이 세고 남성적인 여자를 다모, 즉 여자 경찰관으로 썼던 것이다.

안방에 대한 조사가 주된 임무인 다모는 포도청과 형조, 의금부 등에 소속되었다. 반역과 관련된 정보가 들어오면 다모는 치마 속에 2척쯤 되는 쇠도리깨와 포승줄을 준비하고 안방으로 들이닥쳤다. 죄가 분명하다고 생각되면 고관의 집이라도 도리깨로 들창문을 부수고 들어가서 죄인을 묶어 의금부로 압송하였다. 다모들이 실수하여 도리깨로 사람을 죽이더라도 살인죄를 쓰지 않고 귀양 가는 정도의 가벼운 벌을 받았다고 한다.

조선시대에 여자 의사나 여자 경찰이 있었던 것은 엄격했던 성리학에 의하여 생겨난 윤리의식 때문인 것이다.

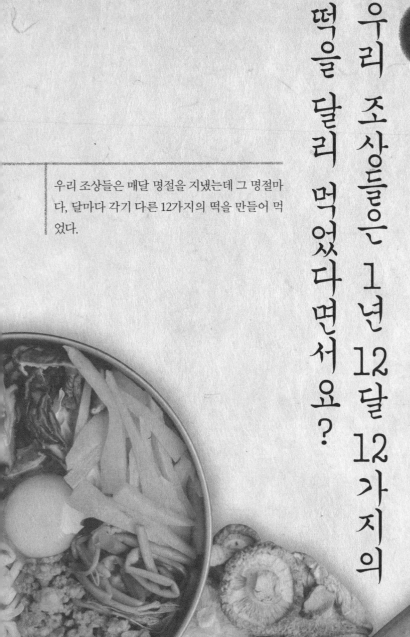

三

우리 조상들은 1년 12달 12가지의 떡을 달리 먹었다면서요?

우리 조상들은 매달 명절을 지냈는데 그 명절마다, 달마다 각기 다른 12가지의 떡을 만들어 먹었다.

재미있는 떡타령이 있다.

　왔더니 가래떡 / 올려놓고 웃기떡 / 정들라 두텁떡 / 수절과
부 정절떡 / 색시 속살 백설기 / 오이서리 기자떡 / 주눅 드나 오
그랑떡 / 초승달이 달떡이지

지방마다 다르겠지만 여러 가지 떡이 있음을 알려주고 있다.
그런데 우리 조상들은 매달 명절이 있었다. 명절마다 떡이 있
었다.

정월 보름에는 달떡이요, 이월 한식에는 송편이며, 삼월삼짇 쑥떡이로다 / 사월 팔일에는 느티떡, 오월 단오에는 수리치떡, 유월 유두 밀전병이라 / 칠월칠석 수단이요, 팔월 가위 오려송편, 구월 구일 국화떡이라 / 시월상달 무시로떡, 동짓달 동지에 새알심이, 섣달그믐에 골무떡이로다.

이렇듯 때마다 여러 가지 떡을 만들어 먹었으니 그 종류만 해도 36가지가 넘었다. 이것은 명문가에 시집가려면 180가지의 음식을 만들 수 있어야 하는데, 그중에서 36가지의 떡을 만드는 것에서 알 수 있다.

떡이란 가루로 만든 곡식을 그릇이나 솥으로 찌거나 삶거나 기름으로 지져서 만든 음식이다. 떡을 일컫는 한자로는 고糕, 이餌, 자瓷, 편片, 병이餅餻 등이 쓰이지만 보통 우리나라에서는 '병餅'이라고 불렀다.

경기도 화성시에 병점餅店이라는 지명이 있다. 풀어보면 '떡점거리'이다. 바로 호남 지방에서 한양으로 가던 사람들이 송탄에서 오산을 거쳐 병점을 지나갈 때 쑥고개를 넘으면서 허기진 배를 채우느라 길가에 늘어선 떡을 파는 가게에서 요기를 했다고 하여 '병점'이라는 지명이 유래되었다.

떡을 가리키는 한자 '고糕'는 '가루떡'이라는 뜻이다. 바로 곡식

가루를 이용하여 만든 것이다. 그러므로 우리나라에서 떡을 만든 것은 농경 생활을 시작한 신석기시대 후반일 것이다. 이때 갈돌과 갈판이 있어 추수에 이용하기도 했지만 떡을 만드는 도구로도 쓰였을 것이다. 본격적으로 떡을 만든 것은 아마 벼농사를 짓기 시작한 청동기시대로 추정한다. 이 시기의 대표적인 유적지인 나진 초도 조개무지에서 출토된 시루는 떡을 해먹었음을 짐작하게 한다.

우리나라 백성들은 떡에도 의미를 부여하였다.

특히 백일이나 돌, 혼례나 회갑, 제례와 같은 의례에 의미가 담긴 떡을 만들었다. 백일이나 돌에는 아이가 깨끗하고 순수하게 자라길 원하는 마음에서 백설기를 하였다.

또한 아이가 살아가면서 나쁜 일을 당하지 말라는 뜻에서 액을 물리치고 귀신을 쫓는 색인 붉은색의 찰수수경단을 만들었

시루(발해시대, 속초시립박물관)

백설기

떡을 눌러 갖가지 무늬를 찍어내는 떡살　　　　　　봉치떡(부산 본동떡집 제공)

다. 우주 세계를 만드는 다섯 가지 원소인 물水·나무木·쇠붙이
金·흙土·불火의 오행, 인의예지신仁義禮智信의 오상, 이것을 바탕으
로 온화·양순·공손·검소·겸양의 오덕을 표현하여 아이들이 주
위 사람과 두루 어울려 조화롭게 살라는 뜻에서 오색송편을 만
들기도 하였다. 특히 백일떡은 100곳의 집에 떡을 나누어야 아이
가 아무 탈 없이 자라며 복을 받는다고 하여 이웃에 떡을 나누어
주었다.

　혼례 때 만드는 대표적인 떡은 봉치떡이다. 붉은색 팥고물은
앞으로 닥쳐올 나쁜 일을 피하라는 뜻이고, 찹쌀가루를 쓰는 것
은 찰떡처럼 부부금실이 좋기를 염원하는 것이며, 위에 밤과 대
추를 올리는 것은 자식을 많이 생산하라는 의미이다. 회갑 때는
자식들이 부모님이 오래도록 건강하게 사시길 기원하는 마음에
서 갖은편이라 하여 백편, 꿀편, 승검초편을 만들었다.

백편은 멥쌀, 꿀, 설탕을 이용하여 만들었다. 소금을 넣어 빻은 고운 멥쌀가루를 준비한 뒤 꿀과 설탕물을 넣어 섞어 체에 서너 번 내린다. 시루에 보자기를 깔고 1.5~2cm 정도 두께로 쌀가루를 고루 편 다음 씻어 말려 반으로 자른 잣으로 매화 모양을 만들어 푹 찐다. 김이 한 번 나간 뒤 썰어 먹으면 된다. 백편에 금강산 석이버섯을 넣어 한 번 더 찌면 꿀편이 된다. 그래서 꿀편 중에 금강산 꿀편을 으뜸으로 친다.

"떡본 김에 제사 지낸다."는 속담이 있듯이 제사를 지낼 때 갖은 편을 진설하였다. 대개 직사각형으로 떡을 썰어 높이 올렸고, 떡의 꼭대기에는 장식을 얹기도 하였다. 진설된 떡의 가짓수로 그 집안의 가풍과 부를 나타냈다. 그리고 조상이 진설한 음식에 복덕福德을 남겨놓았기에 이를 마을 사람들에게 나누어주었다. 이렇게 나누어주는 곳을 복덕방이라고 하였다.

복덕방에는 떡을 받으려고 인근의 마을 사람들이 모여들었다. 제사를 지내는 동안 사람들은 "누구네 땅을 내놓았네.", "누가 누구네 땅을 샀네.", "내가 산을 사려는데 누가 내놓았는지 알 수 있나?" 하면서 동네의 이모저모를 말했다. 그러면서 부동산 거래가 이루어졌고, 이런 까닭으로 후에 부동산을 중개하는 곳을 복덕방이라 부르게 되었다. 복덕방에 모인 사람들은 제주祭主가 나누어주는 술을 음복하고 고인이 남긴 덕을 이어받기를 기원하면서 떡을 먹었다.

떡은 한국인에게 한마음이라는 의식을 심어주기도 하였다. 인절미引切米가 그런 떡이다. 연변에 가면 손님 밥상 복판에 김이 모락모락 나는 흰떡 한 무럭이 올라오는데, 주인과 손님이 각각 손으로 떼어 먹음으로써 식사를 시작한 데서 이 이름이 유래되었다고 한다.

또 다른 이야기도 전한다. 1624년(인조 2)에 인조반정의 논공행상에 불만을 품은 사람이 이괄이었다. 이괄을 무서워하던 서인들은 이괄이 반란을 일으키려 한다는 무고를 하였다. 이에 이괄은 반란을 도모하였다. 이괄이 한양까지 함락시킬 정도로 기세 좋게 나가자, 인조는 겁을 먹고 도성을 떠나 수원과 천안을 거쳐 공주에 이르렀다. 공주에 머무르고 있을 때 저녁에 농민이 떡을 해서 바치자 인조는 배고프던 차에 아주 맛있게 먹었다. 인조는 말했다.

"아, 절미絶味로다! 절미야!"

떡을 먹고 난 인조가 물었다.

"이 떡 이름이 무엇인가?"

이에 농민은 당황하였다. 떡을 부르는 이름이 딱히 없었기 때문이었다.

인절미를 만드는 데 필요한 떡메와 떡판　　대표적 고사떡인 시루떡

"모르옵니다. 그냥 떡이라 부르옵니다."

인조가 물었다.

"그대 성이 무엇인가?"

"인가이옵니다."

"그래? 인가라……. 그럼 앞으로 이 떡을 인절미라고 하여라."

그래서 인절미가 되었다고 한다.

　떡에는 찰기가 있어 서로를 붙게 하며, 떡을 함께 먹음으로써 마음을 함께 나눌 수 있을 것으로 생각한 것이다. 제사 때 반드시 떡이 오르게 된 것은 오랫동안 헤어져 있던 조상신이나 신령과 가까이하기 위함이요, 한동네 사람들이 떡을 나누어 먹는 것은 한마음을 다지기 위함이었다.

　시월상달에 고사떡을 집집마다 해서 동네 사람들과 나누어 먹는 것은 한 해 동안 농사일을 하는 데 도움을 주어 고맙다는 뜻과 함께 한동네 사람으로서 한마음을 갖자는 뜻도 가지고 있다.

이 밖에 떡은 과거를 보러 가는 선비들과도 관련이 있다. 과거를 보러 가는 선비가 찹쌀떡을 먹거나 마을 입구의 서낭나무에 붙이면 합격한다고 믿었다. 수학능력시험이나 고등학교 입학시험에서 찹쌀떡을 주거나 교문에 떡을 붙이는 것은 옛날부터 이어져온 우리나라의 풍습이다.

시집간 딸에게도 떡을 주었다. 시집간 딸이 처음으로 친정 나들이를 하고 난후 친정에서 시댁에 떡을 해서 주었다. 시집가면 '입 막고 3년'이란 말에서 알 수 있듯이 말조심하라는 뜻도 있겠지만, 사실은 시댁 식구들과 한마음을 가지라는 뜻에서 떡을 해준 것이다.

아픈 사연이 함께하는 떡도 있다. 바로 쑥떡이다.

봄이 완연해지면 새순이 나면서 우리의 입맛을 돋우는 것이 바로 쑥이다. 쑥은 겨우내 추위를 견디고 새싹을 틔운다. 고난을 이겨낸 결과라고 할 것이다. 그래서 옛 여인은 이 쑥을 이용하여 남편의 안녕을 기원하기도 하였다. 남편이 전장에 끌려갔을 때 무사히 돌아오기를 기다리는 마음에서 쑥으로 떡을 하였다. 쑥처럼 어떤 어려움도 이겨내고 무사히 살아 돌아오기만을 기다리는 마음에서였던 것이다.

남편을 전장으로 보낸 부인은 막상 쑥떡을 해놓고 보니 마음에 들지 않았다. 그래서 쑥떡에 수레바퀴 무늬를 새겼다. 전쟁에서 큰 공을 세우고 수레를 타고 귀향하는 남편을 생각했던 것이다. 결국 부인의 뜻대로 남편은 전쟁에서 큰 공을 세우고 돌아왔다. 이 소문은 온 나라로 퍼졌다. 그러자 남편을 전장에 보낸 여인들 사이에서 쑥떡을 만들어 수레바퀴 무늬를 새기는 것이 유행하게 되었던 것이다.

옛날 백성들은 나라의 온갖 궂은일을 하였다. 나라에 동원될 때에는 죽음도 각오해야만 했다. 그래서 무사히 남자들이 돌아오기를 기다리는 마음에서 수레바퀴 무늬를 새긴 쑥떡을 만들었던 것이다.

어른들이 좋아하는 떡 중에 약식이 있다. 약식은 '약이 되는 음식'이라는 뜻으로 약밥, 약반이라고도 한다. 우리나라에서 치르

쑥떡

약과 등 유밀과를 만들 때 사용한 다식판

는 회갑이나 혼례 등의 큰 잔치에는 반드시 약식이 빠지지 않았다. 약식이라고 부르는 것은 꿀이 들어갔기 때문이다. 1819년(순조 19)에 정약용이 저술한 《아언각비》에 "우리나라에서는 꿀을 흔히 약이라고 한다. 따라서 밀주蜜酒를 약주라 하고, 밀반蜜飯을 약반, 밀과蜜果를 약과라고 말한다."고 하여 약식이라고 부르는 이유를 설명하고 있다.

약식에 대한 최초의 기록은 《삼국유사》에 보인다.

신라 21대 임금 소지왕이 소풍을 나가 놀고 있을 때 까마귀와 쥐가 근처에서 놀고 있었다. 그런데 갑자기 쥐가 까마귀를 쫓으려 하자 임금이 무사로 하여금 까마귀의 뒤를 쫓게 해 한참을 쫓다가 그만 놓치고 말았다. 무사가 그 근처에서 어리둥절하고 있을 때 연못 근처에서 한 늙은이가 나와 편지를 건네주고 사라져 버렸다. 편지의 봉투에는 "이 봉투를 열어보면 두 사람이 죽고 열지 않으면 한 사람이 죽는다."라고 쓰여 있었다. 무사는 이 편지를 임금에게 전했고, 이 글을 읽은 임금은 두 사람보다는 한 사람이 죽는 것이 낫다 하여 열지 않게 했다.

이때 왕실의 예언자가 말하기를, 두 사람은 서민을 말하는 것이고 한 사람은 임금을 이르는 것이라고 얘기하자 겁이 난 임금은 즉시 그 편지를 열어보았다. 그 속에는 "빨리 왕실로 돌아가 거문고 갑을 쏘아라."라는 글귀가 적혀 있었다. 임금은 즉시 왕

먹음직스러운 약식

실로 돌아와 활로 거문고 갑을 쏘았고, 그 안에는 두 사람이 붉은 피를 흘린 채 죽어 있었다. 이 두 사람은 왕실에서 거문고를 연주하는 궁주와 중이었는데 서로 간통하여 이날 밤에 숨어 있다가 임금을 해치려고 했던 거였다. 까마귀의 은혜를 입은 임금은 까마귀에게 고마움을 표시하기 위해서 까마귀가 좋아하는 대추로 약식을 만들어 까마귀에게 선물했다. 그때의 음식이 후대로 전해 내려오면서 밤과 잣, 대추를 넣고 까마귀의 털 색깔처럼 검게 물들인 약식을 만들어 먹게 되었던 것이다.

약식은 조선에서 중국으로 가는 사신들이 선물로 많이 가지고 갔다. 허균이 1611년(광해군 3)에 우리나라 팔도의 명물 토산품과 별미 음식을 소개한 책인《도문대작》에 "약반을 중국인이 좋아한다. 그들은 이것을 배워서 만들고는 고려반高麗飯이라고 한다."라는 내용과, 1819년(순조 19)에 김매순이 한양의 연중행사를 기록한 책인《열양세시기》에 "정월 보름날에 중국에 간 우리나라 사신들이 약식을 만들어 나누어주면 연경의 귀인들이 그 맛을 보고 반색하며 매우 좋아하였다."라는 내용으로 미루어 중국에서 간식으로 인기 있었고, 사신들이 중국 사람들에게 선물로 많이 주었음을 짐작할 수 있다.

약식을 만드는 방법을 알아보자. 먼저 찹쌀을 물에 담갔다가 깨끗이 씻는다. 삶은 밤을 까서 반으로 잘라 쪼개 놓는다. 씨를 뺀 대추는 4등분한다. 함지박에 불린 찹쌀을 넣고 꿀, 흑설탕, 간장을 넣어 골고루 섞어서 흑갈색으로 물들인 뒤 대추와 밤, 잣을 넣어 참기름을 넣고 골고루 섞어준다. 그리고 30분간 찜통에 넣어 찌면 맛있는 약식이 완성된다.

우리나라에는 명절이 많다. 1월에는 설날과 대보름, 4월에는 한식, 5월에는 단오, 7월에는 칠석, 8월에는 추석, 11월에는 동지 등 많은 명절이 있다. 그런데 명절마다 먹는 음식이 각기 달랐다. 설날에는 떡국을 먹었고, 대보름날에는 다섯 가지 곡식으로 지은 오곡밥이나 국수를, 추석에는 햅쌀로 지은 밥을, 동지에는 팥으로 죽을 쑤어 먹었다.

대보름날에 오곡밥을 먹는 까닭은 여러 가지 곡식이 많은 행운을 가져다준다고 믿었기 때문이다. 국수를 먹는 까닭은 국수처럼 길게 오래 살게 해달라는 뜻이다. 추석에 새로 수확한 햅쌀로 밥을 지어 먹는 것은 한 해 농사를 짓는 동안 조상들이 베풀어

주신 덕에 대한 감사의 뜻이고, 동지에 팥죽을 먹는 까닭은 붉은 빛이 액을 막고 귀신을 쫓는다는 믿음 때문이다.

그렇다면 왜 설날에는 밥을 안 먹고 떡국을 먹었을까?

떡국을 먹음으로써 한 살을 더 먹으면서 둥근 떡을 해와 동전처럼 썰었으므로 새해를 맞이하여 많은 돈을 벌라는 뜻이다. 곧 복을 가져오라는 것이다. 만두도 함께 넣어 먹는 경우가 있다. 설날의 만두는 평소의 길쭉한 만두가 아닌 만두의 끝을 오므려 붙인 모양이다. 이것은 말의 발바닥, 곧 말굽을 닮은 동전을 본떠서 만든 것이다. 그러므로 이것 역시 돈을 많이 벌라는 것이므로 복을 가져오라는 뜻이다. 옛날 우리 조상들의 깊은 뜻을 알 수가 있다.

그런데 우리가 흔히 알고 있는 떡국과 다른 모양의 떡국이 있다. 바로 '조랭이떡국'이다.

이성계는 고려 왕조를 무너뜨리고 조선을 세우면서 고려의 충신들에게 자신과 함께 새로운 국가에서 일하기를 원했다. 하지만 나라 잃은 고려의 충신들은 불사이군(不事二君: 한 하늘 아래 두 임금을 섬길 수는 없다)이라는 생각으로 산속으로 들어가버렸다.

그러자 이성계는 자신의 말을 듣지 않는 많은 신하들을 죽이기에 이르렀다. 남편의 죽음으로 졸지에 과부가 된 신하들의 부

인들은 남편과 나라를 빼
앗아간 이성계를 원망하고
미워했지만 아녀자로서 어
찌 할 도리가 없었다.

조랭이떡국

　그러던 중 한 부인이 가
래떡을 썰면서 이성계의
만행을 생각하다가 그만
썰고 있던 떡을 이성계의 목이라 생각하고 떡 한가운데를 꽉 잡
았다. 이렇게 고려의 아녀자들이 이성계를 원망하다가 탄생한
것이 떡 한가운데가 옴팍 들어간 모양의 조랭이떡이다. 그래서
개성 사람들은 북쪽에는 문을 내지 않고, 정월 초하루에는 이성
계의 목을 조르는 시늉으로 만든 조랭이떡국을 먹는다고 했다.

　추석에 가장 먼저 떠오르는 떡은 송편이다. 그런데 송편은 왜
반달 모양일까? 까닭은 이렇다.
　백제 의자왕 때 궁궐 땅속에서 파낸 거북 등에 다음과 같은 글
이 쓰여 있었다.

　백제는 만월이고, 신라는 반달이다.

갖가지 색의 송편

의자왕은 점술사를 불러 그 글의 뜻을 물었다.

점술사는 어렵게 입을 열었다.

"백제는 만월로 다음 날부터 쇠퇴하고 신라는 앞으로 크게 발전할 징표이옵니다."

점술사는 바로 죽임을 당했다.

의자왕이 점술사의 말을 듣고 준비를 했다면 우리나라의 역사는 어떻게 달라졌을까?

결국 백제는 신라에 의해 멸망했고, 이때부터 반달은 더 나은 미래를 기원하는 뜻으로 쓰이며 그 마음을 담아 반달 모양의 송편을 빚었다고 한다.

떡과 함께 우리 조상들이 즐겨 먹던 음식이 한과이다. 한과는 오늘날에도 설날이나 추석에 인기 있는 선물 중 하나이다. 옛날부터 만들던 과자류로 과일을 모방하여 만들었다 하여 조과造菓라고도 하는데, 유밀과·강정·산자·전과·엿 등 70여 종이 있다.

현존하는 우리의 문헌 중《삼국사기》〈가락국기〉에 보면 수

로왕릉의 제수에 '과'가 나
오는데, 이는 본래 과일이
었을 것이나 과일이 없는
철에는 곡식 가루로 과일
모양을 만들어 대신 사용
한 것이 과자의 시초라고
생각할 수가 있다. 더욱이

한과

우리 음식을 기초로 만들어진 일본 나라시대 음식에 과자류가
보이는 것으로 보아, 일본에 문화를 전해준 삼국시대에 과자를
만들었을 것으로 생각된다.

그 뒤 불교의 성행으로 고기를 먹는 것을 금하고 차를 많이 마
시게 됨에 따라 조과류도 급격히 발달하여 고려시대에는 연등
회·팔관회 등의 행사, 국가나 개인이 하는 잔치·제사, 왕의 행
차, 결혼식 등에 널리 쓰이게 되었다.

《고려사》에도 세자의 결혼식에 참석하러 원나라에 간 충렬왕
이 잔칫상에 유밀과를 차렸더니 그 맛이 입안에서 살살 녹는 듯
하여 고려 과자의 이름값을 톡톡히 했다는 기록이 있다. 이런 까
닭으로 원나라에서는 유밀과를 특히 '고려병高麗餠'이라 하였다.

고려시대에는 과자의 사용을 금지하기도 하였다. 1192년(명종
22)에 과자의 사치 풍조 때문에 유밀과의 사용 금지령이 내려지

기도 하였다.

조선시대에도 조과류는 결혼식, 제사, 회갑잔치 등 큰 잔치나 행사에 널리 쓰였다. 상품으로 만들어지기도 했으나 대체로 각 가정에서 필요한 재료를 항상 갖추어두고 직접 만들어 먹었다.

서양과자는 1884년(고종 21) 한국과 러시아 간에 무역을 하는 조약이 체결된 뒤 손탁이 정동구락부를 만들어 서양 음식을 소개하기 시작하면서 들어왔다. 서양에서 과자를 만들기 시작한 것은 기원전 5세기경에 설탕이 인도에서 메소포타미아로 전해지면서부터이고, 이것이 그리스·로마·이집트로 전해지면서 1세기경에는 남부 유럽 전역에서 과자를 만들어 먹었다. 15세기 말에 아메리카 대륙이 발견되어 많은 설탕과 코코아, 커피 등이 유럽에 들어오면서 종류도 많아지고 생산량도 늘어나기 시작했다. 우리나라에서는 서울의 상류층에서 주로 연말연시 선물로 사용하기 시작하여 1920년대 초에는 우리나라 최초의 양과자점이 문을 열었으며, 1940년까지는 서울에 140여 개의 양과자점이 생겨났다.

오늘날에는 "굴러온 돌이 박힌 돌을 빼낸다."라는 말이 있듯이 우리나라의 과자가 서양과자에 밀려 자취를 감추고 있으니 안타까운 일이다.

옛날에도 복덕방이 있었나요?

옛날에도 집을 사고판다든가 전세를 낼 때 부동산 중개업자를 이용했다. 오늘날 부동산 중개업소를 뜻하는 단어로 쓰이고 있는 '복덕방'이라는 말도 옛날부터 있었다.

옛날 우리 조상들은 농사가 잘되기를 바라거나 마을의 안녕을 빌기 위하여 마을 별로 제사를 지냈다. 제사를 지내고 나면 음식과 술을 나누어 먹었다. 음식을 나누어 먹는 이유는 신이 먹었던 음식이므로 신성한 뜻이 담겨 있다고 여겼기 때문이다. 그러므로 음식을 먹는 것은 바로 음복(飮福)과 음덕(蔭德)을 기리는 행위였다. 그리고 음복과 음덕을 가리는 장소가 바로 복덕방이었다. 그러므로 복덕방은 매우 신성한 장소인 것이다. 그러면 이렇듯 신성한 장소였던 복덕방이 어떻게 해서 부동산 중개업소로 바뀌었을까?

복덕방에는 많은 사람들이 모였다. 제사 음식을 받기 위해 동네 사람들이 많이 모여들다 보니 이런저런 이야기가 오고 갔으며 그런 중에 누가 집을 내놓았다더라, 누가 땅을 사고 싶어 한다더라 하면서 부동산 거래와 흥정이 이루어졌던 것이다. 이렇게 부동산 거래와 흥정이 이루어지면서 복덕방에서 부동산 중개를 하는 것이 하나의 풍속이 되어 나중에는 복덕방이란 용어 자체가 부동산 중개업소의 의미로 바뀌게 되었다.

조선 후기에 접어들면서는 부동산 외에 잉여 생산물을 중개하는 상업 조직도 생겨났다. 대표적인 것으로는 복덕방처럼 중간에서 매매를 소개하는 거간(居間), 각지에 산재한 사람을 머무르게 하고 재워주는 여각(旅閣), 상인을 대상으로 위탁판매를 하거나 거간을 주로 했던 객주(客主), 전문적으로 물건을 재거나 되는 일을 하는 감고(監考) 등이 있었다.

이처럼 많은 상업 조직이 등장하고 산업이 발달함에 따라 복덕방은 부동산 중개업소로 분화, 발전하기에 이르렀다.

김치는 언제부터 담가 먹었나요?

四

김치는 상고시대부터 먹어온 우리 고유의 음식이다. 다만 예전에는 오늘날처럼 고춧가루를 넣어서 담그지는 않았다. 김치에 고춧가루가 들어가기 시작한 것은 조선 중기부터다.

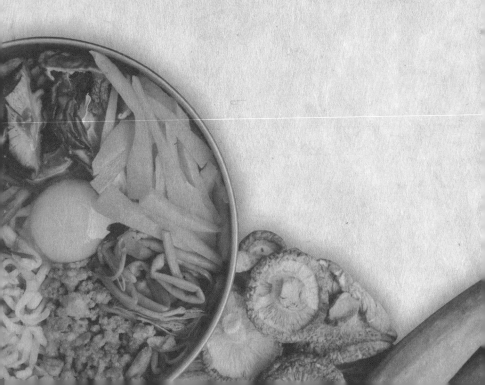

요즈음에는 많이 변했지만 얼마 전까지만 해도 한국 사람들은 식탁에 김치가 없으면 밥을 먹지 못할 정도로 우리 민족과는 떼려야 뗄 수 없는 음식 중 하나였다. 김치의 건강 요소가 늘어남에 따라 일본은 물론이고 서양 사람들까지 관심을 가지고 있다. 얼마 전에 중증급성호흡기증후군인 사스가 세계적으로 창궐했을 때 우리나라에서만 큰일이 일어나지 않자 세계인들은 김치의 매운 맛이 사스를 예방했다고 할 정도였다.

　세계인들이 주목하는 김치는 아주 오랜 옛날부터 우리 민족이 즐겨 먹던 채소 가공식품이다. 배추나 무 등을 소금에 절여서 고추, 마늘, 파, 생강, 젓갈 등의 양념을 넣어 버무린 뒤 자연 발효를

시킨 뒤 먹는다. 오늘날에는 다이어트 식품에 영양의 보고寶庫라
하여 세계인들이 즐겨 먹는 음식이 되었다.

　김치는 상고시대부터 먹기 시작했다. 원래 김치는 중국에서
먹던 음식이었다. 2500년 이전에 이미 김치를 먹었다고《시경》
에 기록되어 있다. 김치가 우리나라에 전해진 것은 중국 한나라
가 한반도를 지배하던 낙랑시대로 추측된다. 한반도의 부족국가
나 삼국시대의 문헌에 김치에 대한 기록은 없는 것이 아쉽다. 그
러나 삼국시대 우리나라의 문화의 영향을 가장 많이 받은 일본
문헌에 김치에 대한 기록이 보인다.《쇼쇼원문서》나《연희식》에
소금, 술지게미, 장, 초, 느릅나무 껍질로 김치를 절여 먹었다는
기록이 있다. 또 쌀가루와 소금에다 채소를 절인 수수보리지란
김치도 기록되어 있는데, 이 김치는 500년경에 중국에서 펴낸 농
서인《제민요술》에도 언급되어 있다.

　수수보리지가 일본에 전해진 것은 일본 응신왕 때 백제 사람 수
수보리가 일본으로 건너가 누룩으로 술을 담그는 방법을 알려주
며 전해주었을 것으로 추측된다. 그래서 그의 이름을 따서 수수
보리지라고 불리게 되었다. 하지만 기온이 따뜻하고 습도가 높은
일본의 기후 때문에 쌀가루를 쓰는 김치가 쉽게 발효되어 강한 신
맛이 나서 먹기가 곤란했으므로 쌀가루 대신에 쌀겨로 바꾸면서
일본의 대표 음식인 단무지가 나왔을 것으로 추정된다.

백제에서 여러 가지 김치를 먹었다는 사실로 미루어보면 중국 영향을 받은 고구려나 신라에서도 김치를 먹었다고 유추할 수 있다. 겨울이 길고 추웠던 한반도에서 겨울 동안 채소를 보관하면서 먹을 수 있게 만든 음식이 김치인 것이다. 삼국시대에는 무, 오이, 가지, 부추, 죽순, 마늘 따위를 소금으로 절이거나 술, 술지게미, 소금을 함께 넣어 절였는데 오늘날의 김치와는 달리 장아찌류에 가까웠다.

우리 문헌에서 김치를 처음 언급한 기록은 고려 고종 때의 문장가 이규보가 지은 《동국이상국집》에 실린 〈가포육영〉이라는 시다.

무장아찌, 여름철에 먹기 좋고
소금에 절인 순무, 겨우내 반찬 되네

위의 구절로 보아 고려시대에 장아찌류의 김치 종류에서 더 진화하여 오늘날의 짠지와 같은 물김치가 나왔음을 알 수 있다. 짠지는 무를 소금으로 짜게 절여 만든 김치이다. 이 밖에 고려시대에는 나박김치와 동치미도 개발되었다고 한다. 이때 양념으로 천초(川椒: 산초나무 열매의 껍질), 생강, 귤껍질 따위가 쓰였다.

고려시대의 김치는 중국 원나라에도 전해졌다. 고려시대에 공

붉은빛의 맨드라미

녀貢女로 원나라에 끌려갔던 고려 여인들에 의해 널리 퍼지게 되었다. 그중에서도 원나라의 황후가 된 기황후를 중심으로 퍼진 고려양(高麗樣: 원나라에서 유행하던 고려 풍습으로 한복, 버선, 신발 등이 원나라의 귀족 문화를 이루었다)으로 말미암아 몽골 사람들에게 알려졌다. 원나라 때 김치는 향신료까지 더해져 더욱 맛있는 음식으로 발전했다. 원나라 때 편찬된 가정 요리책인 《거가필용》에는 마늘이나 생강 따위의 향신료를 채소에 넣은 김치가 전해온다. 이로 미루어 고려시대에도 마늘이나 생강을 넣은 김치가 발달했을 것이다.

고춧가루를 넣어 김치를 담그기 전에는 붉은빛을 내기 위해 맨드라미꽃을 사용하였다. 그러다가 임진왜란 후에 일본에서 고추가 전해지면서 김치의 맛은 더욱 좋아지고 종류도 다양해졌다.

고추의 종류는 다양하였다. 중국에서도 고추류를 재배하였는데 고추의 한 종류를 초椒라고 하였다. 그러다가 오늘날처럼 매운 고추가 임진왜란 이후 들어온 것이라 추측하고 있다. 초^椒에 '맵다('쓰다'의 뜻이기도 하지만 조선시대에는 '맵다'라는 뜻으로도 쓰였다)'라는 뜻의 고^苦가 합쳐져 고초가 되었다가 고추가 되었다는 설이 있다.

햇볕에 말리는 고추

고추의 원산지는 중남미 대륙의 열대 지방이었다. 콜럼버스가 아메리카 대륙을 발견한 이후 고추를 서양에 들여왔다가 포르투갈 상인을 통해 일본에 전해졌고, 임진왜란 때 우리나라에 들어오게 되었다.

여기서 한 가지 의문이 생기기도 한다. 일본에서 고추가 쓰이는 요리는 시치미^{七味}라는 양념에 조금 넣는 정도인데, 어떻게 난리 중에 우리나라로 가지고 온 것일까? 아마도 임진왜란 중 일본군들이 고춧가루를, 오늘날로 말하면 일종의 화학무기로 사용하기 위함이었을 것이다. 조선군과 가까이 싸울 때는 칼도 유리했지만 고춧가루를 눈에 뿌리면 따가워서 감히 싸울 엄두를 내지 못했으므로 일본군은 쉽게 승리를 할 수가 있었다. 그리하여 그들은 잘 먹지 않았던 고추를 조선으로 가져오게 된 것이다.

매운 고추가 일본에서 들어왔다고 하는 까닭은 16세기 말 중국에서 발간된《본초강목》에 고추에 관한 내용이 없기 때문이다. 그리고 일본의《초목육부경종법》에는 1542년 포르투갈 사람이 고추를 전했다고 기록되어 있다. 우리나라의《지봉유설》에도 고추가 일본에서 전래되어 왜겨자倭芥子라고 한다는 기록이 있는 것으로 보아, 일본을 거쳐 우리나라에 전해진 것으로 추정된다.

고춧가루를 넣으면서 김치가 쉽게 시는 것을 막을 수 있었다. 더구나 고추의 매운맛은 비린내를 없애주는 작용을 함으로써 다양한 어류 양념을 쓸 수 있었다. 궁중에서는 조기젓이나 육젓 등 비교적 비싸고 귀한 것을 넣었고, 일반 백성들은 멸치젓이나 새우젓을 주로 사용하였다.

우리 조상들이 오늘날과 같은 김치를 먹기 시작한 것은 18세기 중반 이후부터였다. 1715년(숙종 41)에 홍만선이 지은《산림경제》에는 오늘날의 김치와 같은 기록이 거의 보이지 않는다. 이때의 김치는 소금에 절이거나 식초에 담그는 등 여전히 장아찌 종류였다. 그 후 50년 뒤인 1766년(영조 42)에 유중림이《산림경제》를 증보하여 엮은《증보산림경제》에는 오늘날의 김치 종류가 거의 다 소개되어 있다. 배추김치를 비롯하여 오이소박이, 동치미, 겨울가지김치, 전복김치, 굴김치 등이 보이고 있다.

이로 미루어 보아 김치를 처음 담가 먹을 때는 무를 소금에 절여 먹는 형태였다가 점차 재료를 다양화하여 오이를 이용하였음을 알 수 있다. 채소뿐만 아니라 야생풀을 김치로 담가 먹기도 하였다. 고려 후기에 이달충이 지은 한시인 〈산촌잡영〉에 "여뀌 절임 속에 마름도 끼고……"라는 대목으로 야생풀도 김치의 주요 재료였음을 알 수 있다.

배추를 본격적으로 김치의 재료로 쓰기 시작한 때는 조선 후기였다. 배추의 원산지는 중국이지만 우리나라에 전래된 것은 오래전이었다. 배추를 처음 언급한 문헌은 고려 말에 편찬된《향약집성방》이다. 배추는 쉽게 물러 김치로 만들기에는 부적합했는데 조선 후기에 고춧가루를 넣으면서 젓갈류를 첨가할 수 있게 되어 쓰임새가 다양해졌다. 특히 겨울에 무와 같은 딱딱한 채소를 소금에 절인 형태에서 다양한 양념과 젓갈류를 이용한 김장을 만들면서 풍족한 겨울 반찬을 만들게 되었다.

김치는 영양의 집합체로서 장내 소화를 돕는 성분까지 들어 있어 현대에 와서 그 진가를 더욱 높이 인정받고 있다. 특히 인도의 렌즈콩, 그리스의 요구르트, 에스파냐의 올리브유, 일본의 낫또(사실 우리나라에서 전래된 청국장)와 함께 세계 5대 건강식품으로 꼽힌다.

김치는 2013년 12월 2~7일까지 아제르바이잔 바쿠에서 열린 제8차 무형유산위원회에서 유네스코 인류무형문화재로 등재되

먹음직스러운 김치

었다. 김장을 할 때 마을 아낙네들이 모여 함께 일하고 나누어 먹
는 음식으로 대대로 내려오는 전통을 인정하였고, 특히 나눔의
정신을 실현하고 마을 공동체 의식 속에서 소속감과 연대감, 정
체성을 높였다고 평가한 것이다.

이때 일본과 중국이 집요하게 방해했지만 우리나라만의 전통
을 유네스코에 호소하여 일본의 기무치를 제치고 독자적인 문화
유산으로 선정되었다. 이른바 '김치 전쟁'에서 승리한 것이다.

김치와 관련된 대표적인 역사 이야기는 조선 16대 왕 인조의
아들 봉림대군과 홍덕의 이야기를 들 수 있다.

병자호란이 일어나 인조가 삼전도에서 삼배구고두로 신하로

서 황제에게 취하는 예를 보임으로써 조선은 청나라의 신하국이 되었고, 인조의 아들인 봉림대군은 형님인 소현세자와 함께 청나라에 볼모로 잡혀갔다. 볼모로 잡혀간 봉림대군은 고국에서 먹던 김치 생각이 간절하였다. 봉림대군의 마음을 알아챈 궁녀 홍덕이가 텃밭에 채소를 심어 김치를 만들어 봉림대군에게 바쳤다. 봉림대군은 평생 그 맛을 잊을 수가 없었다. 청나라에서 돌아온 봉림대군은 형님인 소현세자의 갑작스러운 죽음으로 인조의 뒤를 이어 왕위에 오르니 곧 효종이다. 왕위에 오른 뒤에도 청나라에서 먹었던 김치의 맛을 잊을 수 없었던 효종은 궁녀 홍덕이에게 서울 낙산(성북구와 종로구에 걸쳐 있는 산) 중턱의 땅을 하사하였다. 지금도 낙산 중턱에는 '홍덕이밭'이 남아 있다.

낙산에 있는 홍덕이밭

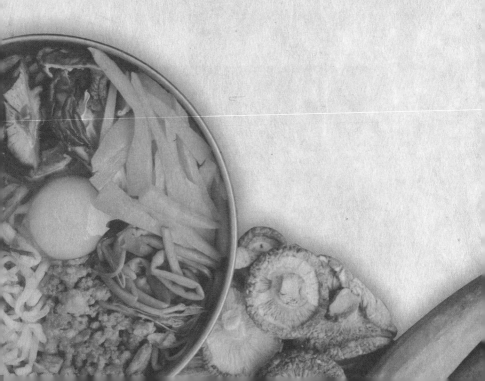

옛날에는 감주가 술이었다고요?

五

술에 취하는 것을 경계하기 위하여 쉽게 취하지 않으면서도 술 마시는 기분을 낼 수 있는 술을 만들어 감주라고 하였다.

우리나라의 역사에서 '식혜' 하면 떠오르는 아픈 역사가 있다.
바로 조선 26대 임금이자 조선 최초의 황제로 등극한 고종의 갑
작스러운 죽음이다. 고종이 독살되었다는 소문이 꼬리에 꼬리를
물고 퍼지면서 대한제국 백성들은 분노에 휩싸였고 이는 3·1 운
동으로 이어지게 되었다. 사건의 전말은 다음과 같다.

고종을 독살하려는 시도는 이전에도 있었다. 고종이 마시는
커피에 아편을 타서 독살하려던 것이다. 궁중의 요리를 담당한
숙수들이 돈에 혹해 왕의 커피에 아편을 넣는 엄청난 범행을 저
지른 것이다.《고종실록》1898년 양력 9월 12일의 기록은 다음

과 같다.

　올해 음력으로 7월 10일 김홍륙이 유배 가는 것에 대한 황제의 명령을 받아 당일로 유배 장소로 떠나는 길에 잠시 김광식의 집에 머무르게 되었다. 원래 천민 출신인 김홍륙은 러시아 말을 할 줄 알아 대한제국과 러시아 간의 긴밀한 관계 아래에서 온갖 권력을 누렸던 인물이었다. 1898년 8월 러시아와의 무역에서 거액을 착복한 사실이 드러나 전라남도 흑산도로 유배를 가게 되었던 것이다. 이에 원한을 품은 김홍륙은 김광식에게 한 냥의 아편을 전해주었다. 김광식은 이 아편을 공홍식에게 전하고, 공홍식은 음력 7월 26일 보현당의 고지기라는 낮은 벼슬에 있다가 그나마도 죄를 짓고 쫓겨나 앙심을 품고 있던 김종화에게, 은화 1000원元을 줄 것이니 고종 황제에게 올리는 음식에 아편을 넣을 것을 은밀히 수작하였다.

　김종화는 고종 황제의 생신날에 약을 소매 속에 넣고 주방에 들어가 커피 찻주전자에 넣어 끝내 환담 중이던 고종과 순종에게 바쳤다. 원래 고종은 커피를 천천히 맛을 느끼며 마시는 사람인 데 비하여 순종은 한꺼번에 들이켜는 사람이었다. 처음 맛을 본 고종은 맛이 이상하다고 생각하고 바로 뱉었지만 순종는 한꺼번에 커피를 들이켜면서 며칠 동안 혈변을 보았고, 치아가 빠져 의치 18개를 해 넣으면서 평생 장애를 안고 살게 되었다.

　천민 신분의 김홍륙은 신분이 상승했으면 더욱 겸손하면서 언행에 주의를 기울여야 했음에도 오히려 자신의 권력을 믿고 횡포를 부리다가 탐관오리로 귀양을 가면서 황제를 시해하려는 음모를 꾸몄던 것이다.

1919년 1월 23일자《경성일보》와 인터뷰한 일본인 의사 도가와는 "고종이 병이 나기 4~5일 전부터 밥맛이 없고 잠이 안 온다."고 했다면서 고종의 몸 상태가 좋지 않았음을 말하고 있다. 고종의 음식 섭취와 치료 과정을 인터뷰한 내용을 정리하면 다음과 같다.

　1월 20일 오전 11시 고종은 촉탁의 안상호가 입회한 가운데 아침 식사를 했다. 오후 3시에 위장에 도움을 주면서 신경을 안정시켜주는 가미온담탕을 드시고 어의인 가미오카와 도가와의 진찰을 받았다. 오후 9시엔 약한 비위를 살려 식욕을 돋우게 하는 가미양위탕을 먹게 하였다. 밤 10시에는 저녁 식사를 했고 전의 김형배와 촉탁의 안상호의 진찰을 받았으며, 12시와 1월 21일 새벽 1시 사이에 자다 발병했다. 전의 김형배가 청심환을 처방하고 도가와가 덕수궁으로 들어가 진찰했으며 새벽 2시 30분에 안상호가, 4시 53분에는 가미 오카가, 5시 30분엔 모리야스 하가가 진찰을 하였다. 도가와는 고종이 아프다는 연락을 받자 덕수궁으로 가서 전의와 함께 진찰을 하였다. 하지만 고종의 경련은 계속되었고, 경련 초기에는 맥박이 110회, 4회 경련부터는 130에서 140 사이를 왔다 갔다 하면서 체온도 37.7도까지 올라갔다. 경련 8회부터는 의식이 완전히 없어졌으며 경련은 12회까지 계속되다가 오전 6시경 고종은 훙거薨去했다.

고종의 독살설에 대한 일본의 입장을 대변한 인터뷰라고 하겠다. 그렇지만《윤치호일기》를 보면 독살설에 무게가 실리고 있다. 윤치호는 명성황후의 조카인 민영달이 중추원참의 한진창에게 전한 말을 1920년 10월 13일 이 일기에 기록하였다. 이 일기를 바탕으로 의문점을 짚어보자.

첫째, 이전까지 고종은 건강한 몸 상태를 유지하고 있었지만 밤 11시경 궁녀 신응선이 은그릇에 담아 바친 식혜를 마시고 30분 후 경련이 심하게 일어난 후 훙거하였다.

둘째, 고종이 훙거한 지 1~2일이 지나자 몸이 몹시 부어 한복바지를 벗기지 못하여 찢어야만 했다.

셋째, 민영달을 비롯한 몇 명의 사람이 고종의 입안을 약용 솜으로 닦는데, 고종의 치아가 입안에 모두 빠져 있었으며 혀가 닳아 없어졌다고 했다.

넷째, 고종의 목에서부터 배 부위까지 30cm나 되는 검은 줄이 나 있었다.

일본은 고종의 독살설이 사실이 아님을 설명하기 위하여 《경성일보》와 《매일신보》에 장문의 해명 기사를 올렸지만 대한제국의 백성들은 믿을 수가 없었다. 더구나 고종은 독립군을 도와 일본의 지배로부터 벗어나는 길을 모색한다는 소문이 있었다. 그렇기 때문에 일본의 입장에서 고종은 대한제국의 백성들을 단결시키는 구심점이 될 것이라고 생각하였던 것이다.

고종이 독살되었다고 생각한 백성들은 1919년 3월 1일을 기하여 전국적인 만세 시위운동을 일으켰다. 곧 3·1운동이 일어난 것이다. 하지만 3·1운동은 조직적이지 못했다. 서울에서는 3월 1일 정오를 기해서 일어났지만 지방에서는 시차를 두고 봉기함으로써 일본으로서는 진압하기가 수월할 수밖에 없었다. 결국 3·1운동은 일본의 진압으로 실패하였다. 하지만 대한제국의 백성들은 교훈을 얻게 되었다. 독립운동은 하나의 구심점을 가지고 조직적으로 해야 한다는 사실이었다. 이에 상하이에 대한민

식혜

국 임시정부가 수립되었던 것이다.

결국 식혜 때문에 일본의 지배를 받은 지 9년 만에 전국적이면서 전 민족이 참여한 독립운동이 일어났으며, 이는 민족 독립운동의 시발점이 된 것이다.

식혜를 다룬 문헌상의 기록은 어떠할까? 고려시대에 이규보가지은《동국이상국집》'행당맥락杏餳麥酪'이라는 문구가 나오는데 여기서 '낙酪'을 식혜로 추정하고 있다. 조선 영조 때 편찬된 조리서《소문사설》에는 식혜에 대한 구체적인 기록이 나온다.

식혜를 만들려면 엿기름이 있어야 한다. 엿기름은 가을보리에 물을 부어 싹이 트게 한 다음 싹이 보리의 두 배가 되었을 때 햇볕에 바싹 말려두었다가 식혜를 담글 때 맷돌에 갈아 쓴다.

요즘 식혜 만드는 법은 비교적 간단하다. 전기밥솥에 고두밥을 지어 고운체로 거른 엿기름물을 붓고 3~4 시간이 지나 밥이 삭으면 밥알이 서서히 뜬다. 이때 밥알을 건져낸 후 전기밥솥의 기능을 보온에 놓은 뒤 1~2시간 뒤에 거품을 거두어내면 맑은 식혜가 된다.

지금은 이처럼 간단하지만 옛날에는 그 과정이 복잡했고 정성도 많이 들여야 했다. 고두밥을 지어서 금속물이 아닌 사기항아리에 담는다. 고운체로 거른 엿기름물을 부어 가라앉힌 후 웃물을 가만히 따라 붓고 아랫목에 이불로 싸서 60~70℃를 유지하면서 4~5시간 두어 밥을 삭혔다. 밥알이 동동 뜨면 조리로 건져 찬물에 헹구어 다른 그릇에 담고 그 물을 적당히 끓여 거품을 걷어내 맑은 식혜를 얻었다.

오늘날에는 감주와 식혜를 같은 말로 사용하는 경우가 많다. 즉, 차갑고 달게 마시는 음료로 알려져 있다. 그러나 감주와 식혜는 엄연히 다른 음식이었다.

《태종실록》에 세자가 종묘에서 조상들에게 제사 지내는 모습을 묘사한 글 중 "금색禽色의 황망함과 감주甘酒하고 기음嗜飮하는 것은 하서에 실려 있으니, 만세에 경계해야 할 것입니다."라는 구절이 나온다. 이 글에 따르면 감주라는 말은 '술을 좋아한다'는 뜻이다. 술에 취하면 언어와 행동이 흐트러져 실수하는 것을 경계하기 위하여 쉽게 취하지 않으면서도 술을 마시는 기분을 낼 수 있는 술을 만들게 되었으니 이것을 감주라고 하였다. 알코올 도수가 매우 약하면서 달콤한 술을 만든 것이다.

흰쌀을 밥 또는 죽과 같은 정도로 쪄서 60℃로 식힌 다음 누룩을 빻아서 넣고 버무린다. 거기에 물을 조금 섞어 묽게 하여 솥에 붓고 60℃가 되도록 가열하면 몇 시간 만에 단맛이 나는 감주가 된다. 체에 걸러 맑은 것을 마시는데, 묽은 죽 같은 상태의 것을 먹기도 하였다. 단맛이 나는 술이라고 하여 '단술'이라고도 하였다.

감주처럼 낮은 도수의 술 중에 모주母酒가 있다. 모주는 광해군 때 인목대비의 어머니인 노씨 부인이 생계를 유지하기 위하여 만든 술이다. 술지게미를 다시 이용하여 만든 술이다 보니 알코올 도수가 매우 낮았다. 제주도에서 '인목대비의 어머니가 만든 술'이라 하여 대비모주라고 하였다가 모주라 불리게 되었다.

원래 알코올이 약간 들어 있는 단술이었던 감주가 오늘날에는 밥알이 다 삭아서 노르스름해지고 끈끈해지며 단맛이 나기 시작하면 불에 올려 끓여 단맛을 진하게 하여 따끈하게 마시는 음료가 되었으며, 반면에 식혜는 밥알이 삭아 동동 떠오르면 밥알을 따로 건지고 그 물을 끓여서 차게 식힌 다음 밥알을 띄워 마시는 것이다.

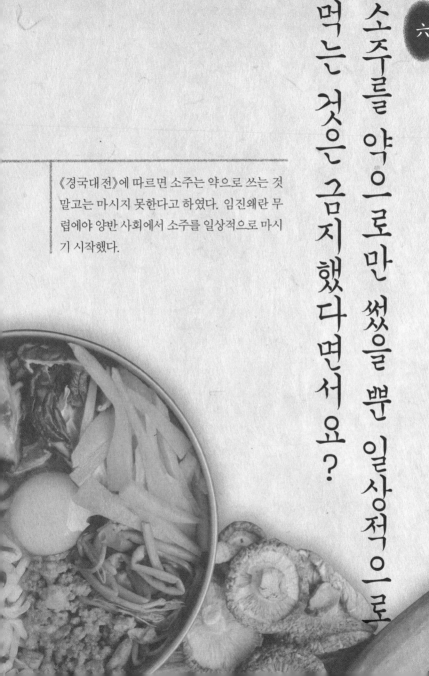

소주를 약으로만 썼을 뿐 일상적으로
먹는 것은 금지했다면서요?

《경국대전》에 따르면 소주는 약으로 쓰는 것
말고는 마시지 못한다고 하였다. 임진왜란 무
렵에야 양반 사회에서 소주를 일상적으로 마시
기 시작했다.

요즘 우리 아빠들이 즐겨 마시는 술이 소주燒酒이다. 소주는 곡류나 감자류 등을 원료로 하여 만든 것을 발효시킨 술밑을 끓여 걸러낸 술이다.

소주에도 우리나라의 아픈 역사가 숨어 있다.

원래 소주는 우리나라 전통술이 아니었다. 13세기 초 고려는 몽골의 침입을 받았다. 당시 정권을 장악하고 있던 최우를 비롯한 권력자들은 몽골군이 침입하자 개경에서 강화로 천도하였다. 백성들이 몽골군에게 짓밟히는 것은 아랑곳하지 않았다. 자신들만의 안위를 위한 것이었다. 1231년(고종 18)에 시작된 몽골과의 전쟁은 최씨 정권이 무너진 1259년까지 계속되었다. 최씨 정권이 무너지면서 몽골과 강화가 이루어졌다. 하지만 말이 강화이지 사실상 항복이나 다름없는 몽골의 사위 나라(부마국: 駙馬國)가 된 것이다.

이제 몽골은 아시아에 하나 남은 일본을 정복해야만 했다. 일본을 정복하기 위해서는 바다를 건너야만 하므로 많은 배가 필요하였다. 일본을 정벌하기 위한 전초기지가 바로 고려였고, 각종 무기와 배를 만들기에 가장 적합한 장소가 안동이었다. 산으로 둘러싸여 나무를 쉽게 구할 수 있었으므로 배를 만들기에 안성맞춤이었다. 전초기지가 된 안동으로 많은 몽골군들이 와서 주둔하였다.

몽골군들은 중세 페르시아에서 발달한 술을 걸러내는 방법을 아라비아로 진출했을 때 받아들여 즐겨 마시게 되었다. 그래서 몽골군들은 허리춤에 항상 소주를 담은 호리병을 차고 다니며 수시로 마셨다. 안동에 사는 고려 백성들은 몽골 병사들이 마실 소주를 공급해야만 했다. 결국 강대국에 패배한 아픔이 백성들에게 전해지게 된 것이다. 이런 까닭으로 우리나라에서 소주를 만들게 되었고, 오늘날 안동소주가 전통을 이어가고 있다.

지방에 따라 소주를 부르는 명칭이 달라 개성에서는 아락주, 경북과 전남에서는 새주, 순천과 해남에서는 효주라고 불리었다. 이 밖에 아랭이, 아랑주, 아래기, 아래이라는 말들이 원나라에서 간행된 책에 나오는 '아라키주亞剌吉酒'에서 유래한 것으로 여겨진다.

지금은 이 술을 아무 때나 장소 구분 없이 자유롭게 마시지만 조선시대에는 약으로 쓰는 것 말고는 마시지 못하도록 하였다.

조선 성종 때 편찬한 법전인《경국대전》에는 "소주는 약으로 쓰는 것 말고는 마시지 못한다."라고 규정하고 있다. 이러한 규정을 만든 것은 일반 백성들은 함부로 소주를 마셔서는 안 되며, 소주가 일반 백성들의 술이 아닌 양반의 분수와 신분을 나타내 주는 명예로운 술임을 드러낸 것이다. 더구나 막걸리나 동동주에 비하여 알코올 도수가 높았던 독한 소주이기에 양반이 너무 많이 먹어 취하면 말과 행동이 흐트러져 양반의 체통과 명예를 그르칠 것을 미리 예방하기 위한 조치였다. 더군다나 소주를 너무 많이 마셔 사망하는 일까지 일어났기에 더욱 신경을 썼다.

소주를 너무 많이 마셔 세상을 떠난 기록상의 첫 번째 사람은 조선을 건국한 태조 이성계의 큰아들인 이방우이다. 다른 아들과 달리 이방우는 조선의 건국을 반대한 사람이었다.《태조실록》4권 태조 2년(1393) 12월 13일 기사에 따르면 소주를 너무 마셔 병이 나 죽었다고 한다.

진안군 이방우는 임금의 맏아들인데, 성질이 술을 좋아하여 날마다 많이 마시는 것으로써 일을 삼더니, 소주를 마시고 병이 나서 졸하였다. 3일 동안 조회를 정지하고 경효敬孝란 시호를 내렸다. 아들은 이복근李福根이다.

《태종실록》8권, 태종 4년(1404) 7월 20일에도 소주를 많이 마셔 관리가 죽었다고 적고 있다.

경상도 경차관 김단이 옥주에 이르러 갑자기 죽으니, 임금이 듣고 불쌍히 여겨 내수內竪를 보내어 그 집에 조문하고 쌀·콩 아울러 30석을 하사하였다. 김단의 아우 주서注書 김위민에게 명하여 역마를 타고 옥주에 가서 장사하게 하였다. 김단이 청주를 지나는데 청주의 수령이 소주를 권하여서 김단이 과음하였던 까닭이었다.

이 밖에도 소주를 너무 많이 마셔 죽은 예는 많은 듯하다.
소주를 약으로 사용한 예로는, 문종이 세상을 떠나 장례식을 치를 때였다. 13세의 어린 단종은 아버지의 장례를 준비하고 치르느라 몸과 마음이 몹시 지쳐 있었다. 그러자 신하들은 단종의 몸과 마음을 회복시키기 위하여 술을 권했다.
"전하, 소주를 드시는 것이 좋습니다."

신하들의 말에 따라 단종은 소주를 조금 마시고는 곧 기운을 되찾았다고 한다.

　　또한 선조 때의 실학자인 이수광의 《지봉유설》에는 "소주는 원나라 때 들어온 술인데 오직 약으로만 썼을 뿐 함부로 먹지 않았다. 그러므로 소주잔 하면 소주를 따라 마시는 잔이 아니라 작은 잔을 뜻했던 것이다. 그런데 근세에 와서 양반들이 여름이면 큰 잔으로 마셔대어 취해야 그만두니 잘못된 것이다."라고 적고 있다.

　　이수광이 적은 글로 미루어 임진왜란을 전후한 시기의 소주는 오늘날 비싼 양주나 와인처럼 잘살고 권력이 있는 양반들이 주로 마셨던 술이었음을 알 수 있다. 오늘날 일상적으로 마시는 술 중에서 가장 값싼 소주가 옛날에는 양반을 중심으로 마신 고급 술이었다니, 우리나라의 경제가 그만큼 많이 발전한 것을 말해 주는 좋은 예이다. 그러나 술을 너무 많이 마셔 자신의 몸을 못 쓰게 만드는 경우가 종종 있으니 "술은 적게 먹으면 약이요, 많이 먹으면 독이다."라는 옛말을 기억해야 하겠다.

　　《지봉유설》에 기록되어 있듯이 큰 잔으로 자주 마시면서 사람들이 취하여 말과 행동이 흐트러져 양반의 체통을 그르치는 일이 잦아지자 1588년(선조 21) 4월 임금은 소주를 마시지 못하도록 하는 금주령을 내렸다.

"할아버지 왕인 세종대왕 때는 양반 집안에서도 소주 쓰는 일이 아주 드물었다고 들었소. 한데 지금은 여느 잔치에도 소주를 보통으로 쓰니 그 비용이 얼마나 많이 들겠소. 그리하여 많은 백성들이 어려운 경제생활을 한다고 하니 이를 금지하도록 해야 하오. 또한 듣기로 관리들이 관청에서 소주를 많이 마신다고도 하는데 어떻게 그것을 금하지 않고 백성에게 술을 금지시킨단 말이오."

조선시대에 소주 금지령은 자주 내려져서 대략 아흔여섯 번이나 되었다.

역사상 금주령은 소주만을 대상으로 한 것은 아니었다. 다른 술도 그 대상이 되었다. 문헌상 처음 금주령을 내린 때는 백제시대이다. 《삼국사기》에 따르면 서기 38년(다루왕 11) "가을에 곡식이 익지 않자 백성들에게 술을 빚는 것을 금하였다."고 한다.

고려시대에도 가뭄이 심하여 흉년이 예상되자 충숙왕과 충목왕, 그리고 공민왕 때 금주령을 내렸다. 고려시대의 금주령은 오늘날 주세처럼 술을 나라에서 통제하여 세금을 거두어들이면서 국가 경제에 도움을 주고 흉년이 들었을 때 술의 재료로 쓰이는 쌀의 소비를 막기 위한 방편이었다.

조선시대에는 금주령이 더 많이 내려졌다. 《조선왕조실록》에 금주령에 관련된 기록만 175건이나 된다. 1436년(세종 18) 4월 17

일 기록을 보자.

사헌부에서 아뢰기를, "근년에는 곡식이 풍년이 들지 아니하여 민생이 염려되오니 서울과 지방에 술을 쓰는 것을 금하여 낭비를 덜게 하소서." 하였다.

임금이 말하기를, "마땅히 금주를 해야 하나 취하도록 마시지 않는 자와 약으로 먹는 자는 함부로 마시는 사람들과 함께 묶어 죄를 묻지 말고 자세히 정상의 가벼움과 무거움을 따져 죄를 묻되, 그 정상이 참작되는 사람들은 모두 풀어주도록 하라." 하였다.

1507년(중종 2) 윤1월 20일에는 "금주령이 내렸는데도 외간에서 취하도록 마시고 방자하여 거리낌이 없으니 엄금하게 하라." 는 명령을 내렸으며, 관리들에게 '술을 먹음으로 나타나는 문제점을 논하라'라는 과제를 내리기도 하였다. 1537년(중종 32) 4월 15일에는 사헌부에서 금주령을 내리도록 건의하기를, "지금 비가 오지 않아 농사를 짓는 데 어려움이 매우 심하니, 무릇 나이가 많거나 쇠약한 사람이 약으로 먹는 것과 혼인이나 제사 이외에는 한 병의 술을 가지는 것도 일절 금하기 바랍니다." 하니, 중종이 그대로 실시할 것을 허락하였다고 하였다.

1733년(영조 9) 1월 10일에 금주령을 거듭 내렸다. 이때 도성의 쌀값이 뛰면서 쌀이 부족한 현상이 일어났는데, 비국당상 김동필이 '곡식을 소비시키는 것으로 술보다 더 심한 것이 없으니 엄중하게 금지할 것'을 청하자 임금이 그대로 따랐다고 한다.

1755년(영조 31) 9월 14일에 영조가 하교하기를, "다시 생각해 보니 향촌의 탁주는 바로 서울에서 가장 맛있는 술이니 나라나 왕실에 큰일이 일어날 때 종묘에 알리고 아래로 반포한 후에는 한결같이 해야 마땅하다. 제사, 연례, 호궤와 농주는 모두 예주로 허락하되 탁주와 보리술은 일절 엄금하라." 하였다. 이때에 여러 신하들이 임금의 명령을 칭송하였다.

이처럼 조선시대에는 이전 시대와 마찬가지로 가뭄 등 자연재해로 흉년이 들어 쌀이 부족하거나, 고려시대에 도입된 성리학이 국교처럼 정착되면서 양반의 언어와 체통을 중요시하는 사회로 바뀌다 보니 술을 많이 마셔 사람으로서의 언행을 벗어나는 일들이 많을 때 금주령을 내렸다.

금주령을 어기는 사람은 엄하게 처벌하였다. 1764년(영조 40) 5월 3일 기록을 보자.

이때에 금주를 엄하게 단속하였으나 위반하는 자는 그래도 그치지 않았다. 과천에 술이 있다 하여 그 지방관과 도신을 귀양 가게 하였고, 또 강화부의 상인 가운데 위반한 자가 있으므로 강화유수 정실을 파직하였으며, 지방관인 양천현감 박명양을 귀양 보내고, 이를 발견한 선전관 이보한은 승진시켜 양천현감에 특별히 임명하였다. 또 영광의 뱃사람이 경강에서 술을 마셨다 하여 영광군수 윤면동을 남쪽 연변에 귀양 보냈다.

농업 사회인 조선시대에는 백성들의 주식인 쌀을 중요하게 여겼다. 쌀이 부족하면 백성들이 동요할 것을 우려하여 금주령을 어기는 사람은 물론 이들을 다스리는 수령까지도 함께 처벌하여 금주령에 대한 나라의 강한 의지를 나타내었다. 그러나 금주령을 위반하여 처벌을 받는 사람들은 주로 피지배층인 서민들이었다. 술의 주된 소비층은 양반이었음에도 옛날이나 오늘날이나 '유전무죄 무전유죄'였던 모양이다.

소줏고리

결과야 어찌 되었든 나라에서 금주령을 내린 것은 자연재해, 임금이나 왕후 등의 장례식인 국상, 화재와 같은 재난이 있을 때 부족하기 쉬운 식량을 보호하기 위함이었다. 술의 원료가 되는 식량과 과일을 낭비하는 것을 막기 위함인 것이다.

소주 이전에 우리나라에서 마신 술의 역사는 아주 오래되었다. 《삼국사기》에 보면 주몽(동명성왕)의 고구려 건국 신화 가운데 "천제의 아들 해모수가 능신 연못가에서 하백의 세 자녀와 사랑하고자 할 때, 술을 먹고 취해서 큰딸 유화와 인연을 맺어 주몽을 낳게 되었다."라는 대목이 나온다. 부족국가 시대에도 영고, 동맹, 무천 따위의 제천의식 때 춤추고 노래하며 술을 마시고 즐겼다는 기록이 있다. 단지 이때 마셨던 술이 어떤 것인지는 알 수 없다.

《삼국사기》〈열전〉에도 술과 관련된 내용이 있다.

서기 245년(동천왕 19) 가을에 위나라 유주자사 관구검이 군사를 거느리고 고구려로 쳐들어왔다. 싸움이 길어지자 위나라 군사도 고구려 군사도 점점 지쳐가기 시작했으며, 결국 수적으로 열세였던 고구려군이 더 이상 버티지 못하고 밀리기 시작하였다. 이듬해 봄 환도성 일대에서 고구려군과 위나라군은 일대격전을 벌였으나 결국 성이 무너져서 동천왕과 고구려군은 거우 성을 탈출하여 도망쳤다. 고구려 왕이 도망친 것을 알아챈 위나라 장수 왕기가 그 뒤를 쫓아오고 있어서 동천왕은 전열을 가다듬을 새도 없이 남쪽으로 말을 몰았다. 이때 밀우가 나서서 말했다.

"위나라 군사가 바로 뒤에 있습니다. 이대로 가다가는 저희 모두 위험에 처하게 됩니다. 제가 남아서 위나라 군사들을 막겠사오니 폐하께서는 그 틈을 이용하여 옥체를 보존하시고 후일을 도모하소서."

밀우는 동천왕에게 이렇게 말하고는 결사대를 결성하였다. 동천왕은 밀우가 위나라군을 막는 사이에 안전한 곳까지 이동할 수 있었으나 밀우가 걱정되었다.

"만약 누구라도 적진 속에서 밀우를 데려오면 후한 상을 내리겠노라."

동천왕의 말에 신하들은 서로 눈치만 보았다. 이때 유옥구가 나섰다.

"제가 다녀오겠습니다."

유옥구는 적진으로 뛰어들어 밀우를 구해 데려왔다. 밀우는 상처가 심하여 정신을 잃었으므로 동천왕이 직접 나서서 그의 무릎 위에서 쉬게 해주었다. 겨우 정신을 수습한 밀우는 왕의 다리를 베고 있었다는 사실을 알고 소스라치게 놀라서 일어났다.

"황공하옵니다."

밀우는 동천왕에게 절을 하였다. 동천왕 일행은 다시 길을 떠났으나 위나라군은 여전히 추격해오고 있었다. 이때 유유가 왕 앞에 나섰다.

"형세가 매우 위험하오나 이대로 죽을 수는 없습니다. 제게 한 가지 꾀가 있사옵니다. 제가 먼저 거짓 항복하여 위나라군을 안심시키고 있을 때 폐하께서 기습 공격을 하시는 것이 어떻겠습니까?"

유유의 말에 동천왕과 나머지 장수들도 죽기를 결심하고 그 계책을 따르기로 하였다. 먼저 유유가 위나라군에게 항복 깃발을 들고 가니 위나라 장수는 긴장을 풀고 그를 맞이하였다. 유유는 준비해간 술과 음식을 대접하였다. 술이 취했다고 생각한 유유는 식기 속에 감춰둔 칼을 꺼내 위나라 장수를 죽였고, 깜짝 놀란 위나라 군사들이 달려들어 유유를 죽였다. 이때 동천왕이 군사들을 이끌고 위나라 진영으로 쳐들어오니 장수를 잃은 위나라 군사들은 우왕좌왕하며 뿔뿔이 흩어져 도망쳐버렸다. 밀우와 유유의 용기와 지략으로 고구려를 구하자 동천왕은 밀우에게는 거곡과 청목곡을, 유옥구에게는 두눌하원(지금의 강계 독로강 유역)을 식읍으로 내렸으며, 전사한 유유에게는 구사자라는 벼슬을 추증하고 그의 아들 다우도 대사자로 삼았다.

술 때문에 한순간에 꿈을 잃은 인물도 있었다. 바로 장보고이다. 그에 관한 기록은 《삼국사기》와 《삼국유사》에 나와 있다.

장보고는 신라에서 장백익의 아들로 태어났다. 그는 어렸을 적부터 활을 잘 쏘고 창을 대단히 잘 써서 사람들은 궁복弓福 또는 궁파弓巴라고 불렀다. 그는 친구 정년과 함께 당나라로 가서 빈공과(당나라에서 외국인을 등용하기 위한 과거)에 합격하였다.

장보고는 의리와 정의감이 깊고 남을 이해하는 마음이 한없이 넓어 존경하며 따르는 이가 많았다. 빈공과에 합격한 장보고는 지금의 강소성 서주 땅에서 당나라의 군관 벼슬인 무령군소장이 되어 말을 타고 창을 쓰는 데 상대할 사람이 없었다. 장보고가 있던 서주는 산동성과 인접한 지역으로, 그 일대에는 이정기가 이끄는 고구려 유랑민들이 많이 살았다.

그 당시 신라는 왕조가 망할 때에 나타나는 여러 가지 일들에 시달리고 있었다.

신라 본국은 진골 귀족 간의 싸움으로 왕의 힘이 약해지면서 지방을 통제하지 못하여 신라 정부는 고작 경주 일원의 경상도 지방에만 영향력을 행사할 뿐이었다. 그 때문에 신라 근해에 해적이 많이 나타났고, 바다에 가까이 살고 있는 백성들은 자주 재산을 빼앗겼다. 심지어 중국 일부 지방에서는 신라인을 납치해 와서 당나라 사람에게 노예로 파는 안타까운 일들이 공공연히 벌어지고 있었다. 이같이 해적이 자주 출몰하고 사람을 약탈하여 매매하는 일이 성행하니, 이는 사람의 도리로 결코 그냥 놔둘수 없는 형편이었다. 그러나 당시 신라 정부의 힘만으로는 해적들의 노략질을 도저히 감당할 수가 없었다.

이에 분격한 장보고는 생각하였다.

'저렇게 끌려와서 노예로 사는 우리나라 백성들을 보니 가슴이 아프구나. 저들의 탈출을 도와주어야지.'

장보고는 신라방이 있는 등주로 가서 친구인 정년과 더불어 당나라 상인들에게 끌려온 신라 청년들을 구해냈다. 당나라에는 많은 신라인들이 와서 공부하고 장사하였다. 이들은 서로 도움을 주고받기 위하여 마을을 이루고 살았다. 마치 지금의 코리아타운이었다. 이를 신라방이라고 한다. 그는 구출한 청년들을 신라방에 있는 신라원이라는 절에 임시로 보호하였다가 기회를 보아 신라로 탈출시켰다.

그러나 장보고와 정년의 구출 노력에도 불구하고 당나라로 팔려오는 신라 청년들의 숫자는 늘어만 갔다. 이에 장보고는 고국인 신라로 돌아가 동포를 보호하는 데 힘을 기울이기로 하고 귀국하였다. 그리하여 828년(흥덕왕 3)에 당나라 청년들이 그처럼 부러워하는 무령군소장직을 그만두고 신라로 돌아와 흥덕왕을 찾아가 말하였다.

"폐하, 중국의 어디를 가보나 우리나라 사람들을 노비로 삼고 있습니다. 중국과의 무역 중심지인 청해에 진을 설치하여 본거지로 삼고 해적들이 사람들을 잡아다가 중국으로 가지 못하게 하기 바라나이다."

청해는 신라 해상 교통의 요지로 지금의 완도를 말한다. 흥덕왕은 크게 기뻐하였다.

"그대가 나의 수고를 덜어주는구려. 그럼 군사 1만 명을 주고 그대를 청해진대사(大使: 신라의 공식 직제상 해외 총독에 해당하며, 왕권을 대리하여 지방 행정과 해외 경영의 전권을 행사한 직책)로 임명하겠으니, 수고해주시오."

이리하여 장보고는 청해진대사로 임명되어 본격적인 해적 소탕과 해양 개척에 발 벗고 나서게 되었다.

장보고 대사는 병사들과 더불어 청해진에 새로운 제도와 방어를 위한 성을 쌓기에 바빴다. 둘레가 290리나 되는 섬을 직접 돌아보고 난 그는 땅의 모양에 따라 높은 자리에는 망루를 세우게 하였다. 그리고 섬 둘레에는 해적들의 공격을 막기 위하여 목책을 치도록 하였다. 또 2000명의 병사로 하여금 산에 올라 나무를 베어오게 하여 배를 만들었다.

장보고는 청해진을 설치한 후에 황해와 서남해안 일대에 나타나는 노예상과 해적들을 무찌르는 한편 남쪽 중국과 북쪽 중국,

나아가 당나라의 수도 장안을 잇는 내륙 무역과 해상 교통권을 손에 넣었다. 그리하여 신라방 내지 신라인촌이 중국의 주요 교통 요충지에 크게 번져나갔다. 또한 일본 태재부太宰府와 당–신라–일본을 잇는 3각 교역을 강화하는 한편 승려, 유학생, 관료들의 당나라 왕래와 해상여행에 갖가지 편의를 제공하기도 하였다.

이리하여 장보고의 청해진은 산동반도, 일본의 규슈 지방을 중심으로 삼아 동양 3국을 그물망처럼 연결하였으며 나아가서는 동남아시아까지 진출하는 거대한 해상제국을 이루었다.

이 당시 신라의 중앙 정부는 진골 귀족 간의 싸움이 한창이었

청해진 전경

기 때문에 군사적으로나 경제적으로 안정되어 있는 장보고의 힘이 필요하였다. 장보고 또한 자신의 힘을 드러내고 싶어 하였다. 이 무렵 왕이 되는 데 실패한 왕족인 시중 김우징과 무주도독 김양 등이 암살의 위협을 피해 청해진으로 왔다.

838년에 김우징의 원수라고 할 수 있는 김명이 이홍과 합세하여 군사를 일으켜 관리들을 마구 죽이고 정치를 자기 마음대로 하였다. 왕은 허수아비였다. 왕을 허수아비로 만든 김명은 자신이 왕이 되고자 희강왕을 죽이고 왕위를 빼앗았다. 이에 김우징은 장보고에게 도움을 요청한 것이다.

"장 대사, 장 대사의 도움이 필요합니다. 지금 서울에서는 김명이 선왕을 죽이고 왕위에 올랐으니, 이를 어찌 가만둘 수 있단 말입니까?"

"제가 어떻게 도와드리면 되겠습니까?"

"군사 좀 내어주십시오."

"옛말에 의로운 일을 보고 따르지 않으면 용맹하다고 말하지 말라 하였습니다. 비록 제가 힘이 없으나 잘못을 바로잡는 데 힘을 다하겠습니다."

쾌히 승낙한 장보고는 어릴 적부터 친구였던 정년에게 군사 5000명을 내주어 김우징과 더불어 서울로 가서 왕위에 오른 민애왕 김명을 죽이고 김우징을 왕위에 올리니, 곧 신무왕이다. 신라 정부는 신무왕의 즉위와 더불어 장보고의 노고에 감사를 표하였다.

"장보고를 감의군사로 봉하고 2000호의 봉토를 주노라."

"성은이 망극하옵니다."

신무왕이 즉위 6개월 만에 죽고 아들 김경응이 왕이 되었으니, 이가 문성왕이다. 문성왕은 왕위에 오른 다음에 장보고의 등급을 다시 높여주었다.

"장보고 장군을 진해장군으로 봉하노라."

그러나 정부의 대우에도 불구하고 장보고는 배신감을 느끼고 있었다. 그것은 신무왕이 청해진에 있을 때 장보고의 딸을 문성왕의 둘째 부인으로 삼기로 한 약속을 지키지 않았기 때문이다. 문성왕도 국왕까지 바꿀 수 있는 장보고를 늘 경계하고 있었다. 그는 사실상 지방의 독자적인 자치정권이나 다름없었기 때문이었다.

이때 장보고의 친구인 염장이 왕을 은밀히 찾아가 장보고를 제거하자고 청했다. 문성왕은 기뻐하며 염장으로 하여금 장보고를 처리하도록 했다. 염장은 왕의 명령을 받들고 청해진으로 가서, 장보고에게는 임금을 원망하면서 자신이 장보고의 마음을 이해하는 척하였다. 이에 장보고는 염장을 안으로 불러들여 서로를 위로하며 술잔을 기울였다. 술기운이 한창 돌 무렵에 염장이 갑자기 칼을 휘둘러 장보고를 죽였다. 이때가 846년(문성왕 8)이다.

상보고의 죽음은 20년간 국제항 청해진을 중심으로 하여 신라·중국·일본을 연결하는 삼국 간의 중개무역으로 융성하던 해상왕국이 무너지고, 황해·동중국해·대한해협이 한국의 비단길 역할을 끝내는 아쉬움을 남기게 되었고 장보고의 꿈도 사라지게 되었다.

술과 함께 등장한 것이 주막酒幕이다. 주막은 오늘로 치면 술집과 식당과 여관을 겸한 영업집으로서 주막집, 탄막炭幕이라고도 했다.

신라에 전하는 유명한 설화 중 '천관녀 설화'에 우리나라 최초의 주막이 나온다. 바로 경주 천관의 술집이다. 김유신이 젊었을 때 천관이 술을 파는 집을 다녔는데, 그 집에 다시는 가지 않겠다고 어머니에게 약속한 것을 지키지 못하자 자신을 습관적으로 그 집에 태우고 간 애마까지 죽였다는 이야기가 전해온다. 이것으로 보아 삼국시대부터 이미 주막이 있었음을 알 수 있다.

주막은 전국에 분포되어 있었으며, 특히 장시場市가 열리는 곳이나 역驛이 있는 곳에 주로 자리 잡았다. 문 옆에 '酒'라고 표시를 하여 손님을 끌었고, 밤에는 그 안에 등을 달아 오가는 사람이 쉽

게 알아볼 수 있게 하였다.

주막에서는 보통 음식 값 말고는 숙박료를 따로 받지 않아 잠자는 사람에게 침구도 제공하지 않았으며, 한방에서 10여 명이 함께 잤다. 더구나 신분의 구분 없이 잘 수 있는 장소이기도 하였다.

세월의 흐름에 따라 주막도 분화하여 조선 후기에 와서는 목로술집, 내외주점, 색주가色酒家 등이 생겨났다.

목로술집은 큰길가보다는 뒷골목 등 동네의 으슥한 곳에 자리잡는 경우가 많았다. 목로의 시설로는 사방이 터진 화덕에 큰 솥을 거는 게 전부였는데, 이 솥에서는 늘 물이 끓고 있었다. 그 옆에 주인이 앉아 있고 주인 뒤에는 안주가 널려 있었다. 목로술집을 선술집이라고도 했는데, 술을 마실 때 꼭 서서 마셔야 했기 때문에 붙여진 이름이다.

내외주점은 목로술집보다 고급인 술집이었다. 외부에서 보면 그냥 가정집 같지만 대문 옆에 '內外酒家'라고 술병 모양으로 테를 두른 간판을 내걸어 지나다니는 사람에게 알렸다. 내외주점에서는 매운탕 따위의 국과 금세 만들기 어려운 안주를 미리 준비해놓았고, 손님들은 일행을 목로술집으로 모셔가기에는 실례가 될 때 이곳을 찾았다고 한다.

목로술집과 내외주점 모두 오늘날과 달리 안주 값은 따로 받지 않고 술값만 받았다. 목로술집은 마신 잔의 수대로 계산을 했으며 내외주점은 주전자의 수로 계산하였다. 내외주점의 손님은 적어도 세 주전자 이상의 술을 마셔야 했으며, 세 주전자를 채우지 못하더라도 그 값을 다 치러야 했다. 만일에 세 주전자 이상을 마시면 주인이 안주를 하나씩 더 내보내는 등 선심을 쓰기도 하였다.

예전에 서울에는 색주가라고 하여 여자가 접대하는 술집이 있었다. 젊은 여자가 녹의홍상綠衣紅裳을 차려 입고 목로에 나와 앉아서 아양도 부리고 노래도 하던 음식점이었다.

이러한 색주가는 홍제원에 집단으로 있었는데, 그 이유는 다음과 같다.

조선은 명나라와 사대 외교 관계를 맺고 있었다. 그렇다 보니 외교사절의 왕래가 한 해에 네다섯 번이나 되었다. 홍제원은 중국으로 가는 연결 도로로서 경치가 좋고 서울에서 10리 이내의 가까운 거리라 환송하고 출영하는 장소로 지정되었다.

사절이 행차할 때는 정사, 부사, 서장관 이외에 수행하는 비장, 역관 등 모두 수십 명이 따랐다. 또 그들에게 딸린 하속(下屬: 가마꾼, 마부, 군졸 등)도 수백 명이나 되었다.

그러므로 사절이 한 번 오갈 때면 홍제원 벌판은 별안간 인산인해가 되고 계곡 주변에는 천막이 즐비했다. 사절을 비롯해 역관의 천막에서는 잔치가 벌어지고 기생의 노랫소리가 끊이지 않았다.

대개 색주가는 안주가 시원치 않았으며 술도 주전자만 왔다 갔다 하고 양도 적게 주는 등 바가지를 많이 씌웠다. 그래서 조심성 있는 사람은 아예 출입을 하지 않았다고 한다.

옛날에는 기생 학교가 있어 접대부인 기생을 양성하기도 했다. 이들은 시문詩文과 서화書畵, 음악을 배워 여자로서는 지식층에 속하였다. 주로 양반을 상대했던 이들과 일반 백성들에게 웃음을 팔았던 주막의 접대부는 질적으로 많은 차이가 났다. 글자

신윤복의 〈주사거배(酒肆擧杯)〉. '술집에서 술을 들다'라는 뜻이다. (본 저작물은 공공누리 제1유형에 따라 간송미술관의 공공저작물을 이용하였습니다.)

를 몰라 외상을 줄 때는 나무판에 손님의 특징을 그려 표시할 정도였다.

　오늘날 우리나라 사람들의 1인당 술 소비량이 러시아와 맞먹는다고 한다. 러시아 사람들은 5명 중 1명꼴로 알코올 중독자라고 한다. 우리나라는 그 정도는 아니라 하더라도 1인당 맥주 150병, 소주 60여 병을 마신다고 하니 걱정스럽다. 더구나 술을 마시고 난 뒤의 모습은 유쾌하지가 않다. 술을 마시고 주정을 하는 경우가 많기 때문이다. 바로 주도酒道를 제대로 배우지 못했기 때문이다.

우리나라에서는《소학》에서 주도를 가르쳤으며, 마을 단위로 '향음주례鄕飮酒禮'라고 하여 날을 잡아 학문과 덕이 있는 사람이나 나이 많은 사람을 윗자리에 모시고 주도를 가르쳤다. 술잔 받는 사람이 서열상 위이면 바치는 사람의 팔이 받는 이의 배꼽 위로 올라가서는 안 되고, 반대로 술잔 받는 이가 상대적으로 아랫사람이면 내리는 사람의 배꼽 위로 손이 올라가서는 안 되었다. 물론 윗사람에게는 두 손으로 바치되 두 손을 겹쳐야 할 때는 오른손으로 왼손을 감쌌다. 또한 윗사람이 술을 권하면 한 번은 반드시 사양을 하며 그래도 권하면 받아야 한다. 오늘날 윗사람 앞에서 고개를 옆으로 돌려 마시는 것은 주도에 어긋나는 것이다.

윗사람이 술을 권하여 마시다 보니 아랫사람과 윗사람이 서로 술잔을 주고받으며 함께 마시는 수작酬酌 문화가 주류를 이루었다. 수작 문화가 이루어진 것은 경주 포석정을 통해 알 수 있다. 경주 포석정은 신라시대에 임금과 신하가 술잔을 주고받으며 마시던 곳이었다.

'사돈(査頓: 나뭇등걸에 앉아 머리 숙이며 술이나 마시자)'이라는 말의 유래가 된 고려시대의 명장 윤관과 문신 오연총의 일화는 유명하다. 작은 강을 사이에 두고 살던 두 사람은 매일 만나 술을 마셨다. 장마로 물이 불어 작은 강을 건너지 못할 때는 강가 나뭇등걸에 기대어 술병과 술잔을 들고 서로 권하며 수작을 하면서 마셨기에 사돈이라는 말이 생겨난 것이다. 이처럼 우리나라는 술을 권하면서 마시는 수작 문화가 술을 마시는 대표적인 방법이었다. 이렇게 술을 권하며 이야기를 하다 보면 반역을 모의하거나 다른 사람에게 피해를 주는 이야기를 할 수도 있을 것이다. 그리하여 술을 권하고 받는 수작이 나쁜 뜻으로 쓰이게 된 것이다.

술을 마시는 방법으로는 수작 이외에 대작對酌이 있다. 일본에서 주로 이루어지는 대작은 술잔을 주고받지는 않으면서 권하고 대화를 하면서 마시는 주도이다. 반면 서구에서는 자작自酌 문화가 발달했다. 술의 맛과 향을 음미하면서 스스로 따라 마시는 문화이다.

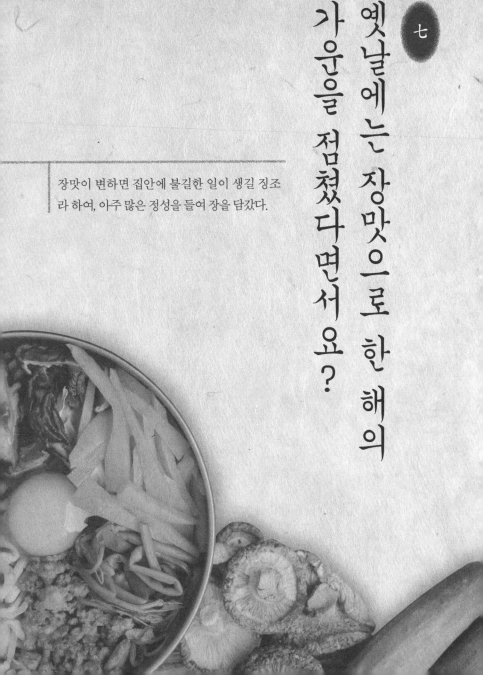

七

옛날에는 장맛으로 한 해의 가운을 점쳤다면서요?

장맛이 변하면 집안에 불길한 일이 생길 징조라 하여, 아주 많은 정성을 들여 장을 담갔다.

우리나라의 전통 조미료로 간장과 된장, 고추장을 들 수 있다.
외국에 나간 교포들이 힘든 이국 생활을 이겨내게 도와주고
원정 경기를 하는 우리 운동선수들의 경기력에 기폭제 역할을
하는 것이 구수한 된장국과 매콤한 고추장이라고 할 수 있다.

역사적으로 보면 간장과 된장의 기원이 고추장보다 훨씬 오래
되었다. 된장은 처음 고구려에서 만들어졌다. 고구려에서 된장
이 만들어지게 된 이유는 바로 고구려가 차지한 만주를 비롯한
우리나라의 북부 지방이 바로 콩의 주산지이기 때문이다. 콩은
밭에서 나는 쇠고기라고 불릴 만큼 단백질, 특히 필수 아미노산
을 많이 가지고 있다. 토양이 척박한 만주 지방에 가장 적합한 곡

물이 바로 콩이었다. 콩은 스스로 질소 비료를 품고 자라기에 거름을 주지 않아도 되었다. 그래서 필자가 어렸을 때 논두렁과 밭두렁에 많이 심은 것이 콩이었다. 또한 콩은 성장력과 생명력이 뛰어나 아무리 주위에 잡초가 무성할지라도 왕성하게 자라났다.

오늘날은 세계 콩 생산량의 70% 이상을 미국에서 생산하지만 제2차 세계대전 이전까지만 해도 만주를 비롯한 우리나라 북부 지방이 세계 콩 생산량의 주류를 이루고 있었다.

조선시대까지만 해도 콩은 먹을 것이 부족한 구황기에 식량을 대체할 수 있는 작물로 각광을 받았다. 또한 나라에 큰 변란이 있을 때도 전투부대가 이동하기 전에 먼저 출발하는 것이 콩을 실은 수레였으니, 우리 조상들에게 콩이 얼마나 소중한 곡물이었는가를 알 수 있다.

고구려 사람들은 콩을 많이 수확하는 만큼 오래도록 저장하면서 먹을 필요가 있었다. 그리하여 콩을 푹 삶아 메주를 쑤고 이것을 소금물에 우려낸 뒤 그 국물을 달여 간장을 담갔다. 그리고 간장을 만들고 남은 메주로 된장을 만드는 것이다. 메주를 으깨 항아리에 담고 소금물을 부어 꾹꾹 눌러주고 뚜껑을 덮어주면 된장이 된다. 그렇게 두 달 정도 볕을 쐬어주었다가 다시 닫아놓고 그 이듬해부터 먹기 시작했다.

고구려에서 먹기 시작한 간장과 된장은 신라가 삼국을 통일하면서 한반도 전역으로 퍼져나갔다. 《삼국사기》를 보면 "신문왕 3년(683) 왕이 혼인할 때 폐백 물건으로 간장, 된장…"이라고 나와 있으니, 얼마나 귀한 대접을 받은 조미료였는지 짐작이 간다.

그런데 옛날 우리나라 사람들은 1년 집안의 운세가 장맛에 의하여 결정 난다고 생각하였다. 대대로 내려오던 장맛이 변하면 그해 집안에 나쁜 일이 생길 수도 있다고 생각하여 정성을 다하여 장을 담갔다. 장을 담그기 전에 장 담글 날을 선택하고 고사를 지냈다. 특히 장을 담글 때 신일辛日만은 피했는데, 이는 신辛이 '신맛'과 음이 같으므로 혹시 장맛이 시어져 제대로 된 맛이 나지 않을까 우려했기 때문이다.

장을 담그는 주부에겐 금기 사항도 있었다. 사흘 동안 부정한 일을 저지르면 안 되고, 바깥출입도 안 되고, 화가 난다고 개를 걷어차거나 욕을 해서도 안 되었다. 나아가 입을 창호지로 가리고 장 담그는 작업을 했으니, 이것은 여성의 음기陰氣가 장에 닿지 않도록 하기 위함이었다. 장을 담그면 부정한 것들이 장독에 가까이 오지 못하도록 금줄을 띄웠으며, 부정한 것이 오더라도 버선 안으로 들어가도록 장독 옆에 버선을 달기도 하였다. 또 주술적 의미로 고추나 숯을 장 위에 담가놓았으니, 이것은 살균과 나쁜 물질을 거두는 효과도 있었다.

우리나라에서는 7세기 중엽에 이미 간장과 된장을 담그기 시작하여 식생활에 최대한 이용했고, 이 양조법은 일본에도 전해져 8세기에는 문헌에 그 기록이 보이는 등 보편화되었다. 조선 시대에는 왕과 왕비가 정월에 날메주국이라 하여 메주와 소금을 물에 타서 맛을 보고 한 해의 풍흉을 점치는 풍습도 있었다.

고추장은 임진왜란 이후에 전래된 고춧가루를 장에 섞어 만든 것이다. 비록 우리 민족이 고추장을 먹기 시작한 역사는 된장과 간장에 비해 짧지만 우리 생활에 꼭 필요한 조미료이다.

그러나 오늘날 우리나라의 장류는 일본 장류의 침해를 받는 경우가 많다. 풍부하게 몸의 영양을 좋게 하면서 음식의 맛도 더

간장, 된장, 고추장 등을 담은 장독이 즐비한 장독대

할 수 있는 방법을 개발하여 우리의 전통을 되살리는 일에 소홀하지 말아야 한다.

된장과 더불어 오늘날 건강식품으로 각광받는 것 중 하나가 청국장이다. 바로 전쟁이 일어났을 때 먹던 음식이었다.

그렇다면 전쟁이 일어났을 때 군사들은 어떻게 식사를 해결했을까?

식사는 적의 공격에 대비하여 되도록 빨리 먹어야만 했다. 힘을 많이 써야 하는 전쟁터에서 콩은 최고의 보양식이었다. 하지만 콩을 날 것으로 먹을 수는 없었다. 혀끝을 찌르는 듯이 알알한 느낌이 들기 때문이다.

그래서 전쟁터에서 군사들이 쉽게 먹을 수 있도록 개발한 것이 바로 전국장戰國醬이다. '전쟁터에서 만들어진 장'이라고 하여 전국장이라고 불린 것이다. 전국장은 고구려의 식품으로 알려져 있다. 《삼국지》〈위지동이전〉에 "고구려에는 선장양善醬釀이라는 발효식품이 있다."라고 기록되어 있다. 세계에서 가장 오래된 농업 서적인《제민요술》에 '시豉'라는 음식을 설명한 대목을 보면 "고구려 사람들이 콩을 삶아 짚으로 싼 다음 곰팡이가 끼도록 띄우고 이를 짓이겨 독 속에 밀봉하고 소금을 섞어 넣어 먹고 있다."라고 기록하고 있는데, 여기서 시豉는 곧 청국장인 듯하다.

고구려에서 청국장이 발달한 이유는 무엇일까?

고구려는 산악 지형으로 평야가 많지 않았으므로 식량이 부족할 수밖에 없었다. 그러므로 식량을 확보하기 위한 정복 사업을 활발히 벌였다. 정복 전쟁을 위해서는 자주 이동을 해야만 했다. 보급 부대의 지원을 받기 어려운 고구려 병사들은 자신들이 먹을 양식을 직접 가지고 다녀야만 했다. 병사들은 콩을 삶아 말안장 밑에 깔고 타고 다녔는데 시간이 흐르면서 사람과 말의 체온으로 발효하면서 비상식량 구실을 톡톡히 했다. 이 음식은 상할 걱정도 없고 고단백의 영양식이므로 고구려 병사들에게는 꼭 필요한 음식이었을 것이다.

대조영이 고구려 부흥 운동을 일으켜 세운 발해에서도 '책성지시柵城之豉'라고 하여 변방의 성을 지키는 병사들이 군량으로 청국장인 '시'를 이용하였다고 한다.

우리나라에서 전국장을 소개한 최초의 문헌은 홍만선의 《산림경제》로서 제조법까지 소개하고 있다.

대조영 초상화(속초시립박물관)

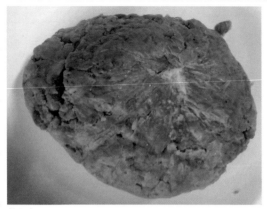
청국장

　그런데 전국장은 청국장淸國醬으로 불리기도 한다. 이렇게 불리게 된 연유는 병자호란 후에 우리나라에 온 청나라 군사들이 맛있게 먹는 모습을 보며 붙여진 이름이라고 한다.

　1760년(영조 36)에 유중림이 쓴《증보산림경제》에도 "대두를 잘 씻어 삶아서 고석(볏짚)에 싸서 따뜻하게 3일간 두면 생실生絲이 난다."고 그 제조법이 기록되어 있다.

　콩을 삶아 질그릇에 담고 짚으로 싸서 따뜻한 방에 둔다. 그러면 납두균이 번식하여 진이 생긴다. 이때 볏짚이 지닌 균의 활성이 좋고 나쁨에 따라 맛이 달라진다. 콩이 잘 떴으면 마늘, 생강, 굵은 고춧가루, 소금을 섞고 절구에 잠깐 찧어두었다가 필요할 때 쓴다. 청국장은 주로 고기, 두부, 고추 따위를 넣고 끓여서 찌개를 만들어 먹는다.

조선시대에는 된장뿐만 아니라 팥장도 먹었다.

조선시대 빙허각 이씨가 편찬한 부녀자의 생활 지침서인《규합총서》에 보면 팥장을 만드는 법이 나와 있다.

1. 팥을 반나절 물에 담근다.
2. 팥을 삶는다.
3. 절구에 찧는다.
4. 찧은 팥을 밀가루와 섞는다.
5. 작고 둥글게 메주를 쑨다.
6. 바람이 잘 통하는 곳에 한 달간 매달아 둔다.
7. 소금물에 3개월간 숙성시킨다.

이렇게 만든 팥장으로 찌개를 끓여 먹기도 하고 밥을 비벼 먹기도 했으며 고추나 상추를 찍어 먹기도 하였다.

임진왜란 후 고추가 전래되면서 된장과 함께 고추장도 만들어 먹었다. 고추장에 대한 기록은 1760년경에 유학자 유중림이 편찬한《증보산림경제》에 보인다. "메주를 가루로 만들어 체로 친 것 1말, 고춧가루 3홉, 찹쌀가루 1되를 넣고 좋은 간장으로 개어서 담근다."고 소개하고 있다. 오늘날 고추장보다 고춧가루가 조금 들어간 것으로 미루어 아마도 고추가 널리 재배되기 전에는 된장보다 조금 매운 정도의 맛인 듯하다. 이때 고추장은 만초장蠻椒醬이라고 불렀다.

고추장을 좋아했던 임금으로 영조를 들 수 있다. 영조는 숙종의 둘째 왕자로 무수리 출신인 숙빈 최씨의 아들이다. 당시 정권을 잡고 있던 노론에서는 도저히 임금으로 인정할 수 없는 사람이었다. 영조도 이를 잘 알고 있었다. 그래서 실시한 정책이 탕평책이었다. 그럼에도 불구하고 이인좌나 정희량 등이 반란을 꾀하였다.

무신을 비롯한 관리들의 반란으로 영조는 많은 스트레스를 받았고, 그 때문에 음식을 먹어도 늘 소화가 잘 되지 않았다. 맨밥보다는 물에 말아 먹는 적이 많았다. 시간이 갈수록 밥맛이 없어졌다. 밥맛을 돋우는 데 가장 좋은 것이 바로 혀를 자극하는 것이다. 그래서 영조는 생각했다. 평소 아버지인 숙종과 형님인 경종이 입맛이 없을 때 반드시 짜고 매운 것을 먹는다는 것을 떠올렸다. 이에 영조는 고추장을 즐기게 되었다. 원래 임금의 음식을 올리던 사옹원이 아닌 내의원에서 고추장을 만들어 올렸다. 하지만 영조는 궁궐에서 만드는 고추장보다 사가私家에서 만든 고추장을 좋아했다. 《승정원일기》에 "영조는 지평을 지낸 조종부의 집에서 만든 고추장을 좋아했다. 조종부가 영의정 이천보를 비판하자, 이를 당파 때문에 비판한다고 조종부를 미워하면서도 고추장만큼은 미워하지 못했다."라는 기록으로 보아 그 사실을 알 수 있다.

고추장은 18세기 중반부터 일반 백성들도 담가 먹기 시작했다. 영·정조 때의 실학자이며《열하일기》를 쓴 박지원은 평생 경제적으로 어려운 생활을 하였다. 그도 고추장을 직접 담가 먹었는데 이는 고추장이 백성들 사이에 널리 퍼졌다는 것을 알려준다 하겠다. 예순이 다 된 박지원은 "고추장 작은 단지를 하나 보내니 사랑방에 두고 밥 먹을 때마다 먹으면 좋을 거다. 내가 직접 담근 것인데 아직 잘 익지는 않았다."는 편지를 자녀들에게 보냈다. 이후에도 큰아들에게 보낸 편지에서는 "장 담그는 건 네 누이, 며느리와 의논해서 하라."고 당부하고 있다.

오늘날에는 된장이나 고추장을 집에서 담그기보다는 기업이나 장인이 만든 명품을 사서 먹는 경우가 많다. 장맛으로 한해의 가운을 점치는 것은 이제 옛말이 된 듯싶다.

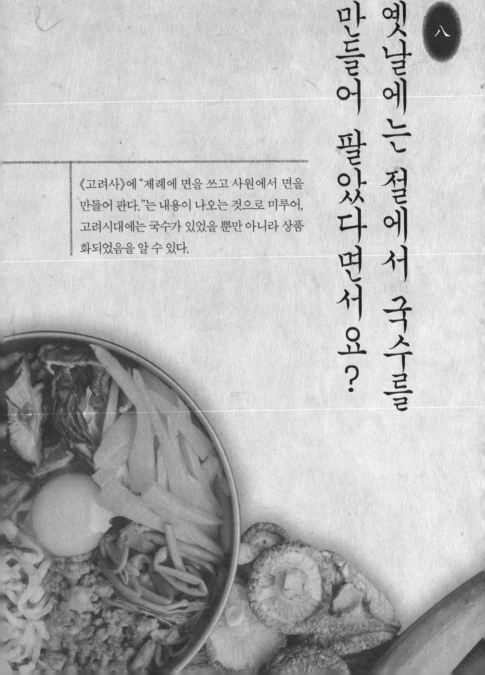

옛날에는 절에서 국수를 만들어 팔았다면서요?

《고려사》에 "제례에 면을 쓰고 사원에서 면을 만들어 판다."는 내용이 나오는 것으로 미루어, 고려시대에는 국수가 있었을 뿐만 아니라 상품 화되었음을 알 수 있다.

오늘날 국수를 만드는 재료는 여러 가지이다. 밀가루를 비롯하여 메밀, 감자, 옥수수로도 국수를 만든다. 국수를 처음 만든 곳은 기원전 6000년~기원전 5000년경의 아시아 지역이다. 밀은 기원전 7000년경 메소포타미아 지역에서 처음으로 재배하였다. 밀은 쉽게 부패하는 성질이 있어 가공할 필요가 있었는데 그래서 탄생한 것이 빵과 국수였다. 서양에서는 주로 빵으로 가공하였다.

메소포타미아 지역에서 재배하던 밀이 실크로드를 거쳐 중국에 전해진 때는 기원전 5000년경이었다. 중국 사람들은 이 밀로 떡을 만들었고 오늘날의 국수 모양처럼 젓가락 굵기로 가공하

국수틀

였다. 중국 문헌에는 6세기 중엽에 편찬한《제민요술》에 처음으로 이러한 내용이 보인다. 이 책에 국수를 수인병水引餠이라 부르고 "젓가락만 한 두께로 한 자 남짓한 길이로 만들었다."는 기록이 있다.

우리나라에서는 고려 이전에는 국수를 만들었다는 기록이 없으며, 문헌에 국수 관련 기록이 보이는 것은 고려시대이다. 송나라 사신으로 고려에 왔던 서긍이 쓴《고려도경》에 "10여 종류의 음식 중 국수 맛이 최고이다."라는 기록이 있고,《고려사》에 "제례에 면을 쓰고 사원에서 면을 만들어 판다."라는 기록이 있는 것으로 미루어, 고려시대에는 국수가 제사에도 쓰이고 사원에선 판매도 하였음을 알 수 있다.《고사십이집》에서는 "국수는 본디 밀가루로 만든 것이나 우리나라에서는 메밀가루로 국수를 만들었다."고 한 것으로 보아 밀보다는 메밀로 국수를 많이 만들었음을 알 수 있다.

고려에 국수를 전한 것은 불교를 공부하러 송나라로 유학을 간 승려들이었다. 일본의 메밀국수도 고려 승려가 전했다고 미

국수나무. 껍질이 하얗고 나뭇가지가 마치 국수 가락처럼 생겨 국수나무라 하였다.
옛날 사람들은 이 나무를 국수로 생각하며 배고픔을 달랬다고 한다.

루어 짐작할 수 있다.

조선시대에는 《조선왕조실록》, 《음식디미방》, 《주방문》, 《증
보산림경제》, 《요록기》, 《옹희잡지》 등 많은 문헌에 국수 관련
기록이 나온다. 중국이나 서양과 달리 메밀·콩·녹말 등 다양한
재료를 이용하여 국수를 만들었으며, 국수집에서는 국수틀로 만
든 국수를 사리를 지어 싸리채반에 담아 판매했다.

1900년 이후에는 회전 압력식 국수틀로 만든 건조 밀국수가
보급되었고, 1945년 이후부터는 밀가루가 많이 수입되면서 여러
가지 밀국수 요리가 일반화되었다.

우리나라의 전통적인 국수는 온면(국수장국), 칡국수, 마국수,
청포국수, 물쑥국수, 밤국수, 도토리국수, 진달래 꽃가루를 섞
은 화면花麵 등 여러 가지 형태로 발전하면서 국수 문화를 꽃피

웠다. 심지어 흉년이 들어 밀가루가 귀할 때는 먹을 수 있는 백토白土에 밀가루를 섞어 흙국수土麵까지 만들어 먹으면서 흉년을 견뎌내었다고 한다.

우리나라에서는 예부터 혼례나 회갑연 등 경사스러운 날이면 손님을 대접하는 음식으로 국수를 내놓았다. 긴 국수 면발처럼 부부가 오래도록 해로하고 장수할 것을 기원하는 뜻이 담겨 있다.《영조실록》영조 49년 10월 23일 기사를 보자.

임금이 덕유당에 나아가서 사서인士庶人으로 나이가 80세인 자와 숙종 13년(1687)·숙종 14년(1688)·숙종 19년(1693)에 출생한 노인들을 불러 보고, 국수 한 그릇과 명주와 무명을 내려주고, 80세 이상은 모두 가자加資하라고 명하였다.

이 기록으로 미루어 국수가 상으로 내릴 만큼 귀한 음식임을 알 수 있다.

조선시대에는 밀가루가 귀하다 보니 국수를 만들기 위해서는 백성들로부터 밀가루를 공물로 거두어들여야 했다. 공물 때문에 백성들의 어려움이 커지고 불만이 쌓이자 나라에서는 국수의 제조를 금하는 명령을 내리기도 하였다. 다음은《중종실록》중종 34년 10월 8일 기사이다.

정원에 전교하였다.

"여성위 송인이 철원부사로 있는 아버지 송지한을 만나러 강원도로 내려갔는데, 감사 정순붕이 식물食物을 제급題給할 때 국수와 떡은 지급해서는 안 된다. 이런 것은 모두 백성들의 피땀에서 나온 것이니, 유지有旨를 내릴 때 이런 식물은 지급하지 말라는 일도 아울러 하유하라."

《선조실록》 선조 6년 9월 27일 기사에도 관련 내용이 있다.

예조가 아뢰었다.

"향약의 글은 본디 백성을 교화하고 풍속을 이룩하는 요체입니다마는 우리나라 사람의 생리와 기습氣習은 중국과 같지 않으니, 시행하려 한다면 반드시 번거로운 것을 없애고 간략하게 하여 토속에 맞춤으로써 구원한 규범으로 만들어야 할 것입니다. 대개 우리나라는 땅이 메마르고 백성이 가난하여 의식에 찌들고 부역에 시달리는데 달마다 한 번씩 모이게 하면 견디기 어려운 형세이니, 여러 달 만에 한 번씩 모이게 해야 합니다. 과일·술·국수·밥을 베푸는 것은 가난한 자가 장만할 수 있는 것이 아니니 될수록 간략하게 술 한 잔이나 밥 한 그릇으로 하도록 힘써야 하겠습니다.

비록 임금에 의한 전제정치가 이루어졌지만 천명에 의한 민본주의는 살아 있었다고 하겠다.

우리나라에서 민족 음식으로 정착한 메밀국수는 선승禪僧을 통해 일본에 알려졌다. 국수가 일본에 전래된 것은 《성종실록》 성종 10년 2월 9일 기사를 보면 알 수 있다.

창덕궁 후원에 나아가 무과 초시·중시 합격자들을 뽑고 나서 전 경력經歷 이인규에게 일본에 관해 물었다. 그는 지난 세종 25년(1443) 변효문이 일본으로 사신 갈 때에 변효문의 자제군관子弟軍官으로 따라갔다.

임금이 "잔치를 베풀어 전별하는 예禮가 있던가?" 물으니,

"아침저녁으로 주는 밥에는 모래가 섞였고 팟국菜羹을 곁들일 뿐이었으니, 어찌 잔치를 베풀어 음식을 권하여 위로하는 예가 있겠습니까? 다만 세 대신과 남선사·이령사·상국사 세 절의 스님이 잇달아 음식을 권하여 위로하였으나, 또한 탕병(湯餅: 더운 국에 만 국수)·냉병冷餅에 지나지 않았습니다."라고 대답했다.

조선시대에 국수가 절에서 발달한 이유는 숭유억불정책에 따라 산속으로 숨어든 승려들이 화전을 일구어 밀이나 메밀 따위

를 재배하여 국수를 만들어 먹었기 때문이었다. 절에서 국수 만드는 방법이 선승을 통해 일본에 전해졌으며, 일본에서는 귀한 손님에게 대접하는 귀한 음식으로 여기는 문화가 발달한 것이다. 이는 이후 일본의 '소바' 문화를 형성했으며 오늘날 라면의 기원이 되었다.

고려시대에는 절에서 술도 만들어 팔았다. 국가적으로 불교를 장려한 고려는 절에 많은 특권을 주었으니 그중 하나가 술을 만들어 팔 수 있는 양조권이었다.

고려를 건국한 태조 왕건이 당면한 가장 큰 문제는 많은 호족들을 제압하는 것이었다. 이들 호족은 지방에 위치한 사찰과 협력 관계였다.

왕건은 호족의 힘을 약화시키는 한편으로 흐트러진 민심을 하나로 통합시키는 수단으로 불교를 장려하는 정책을 펴나갔다.

신라 말기의 혼란한 사회는 절에도 많은 영향을 미쳤다. 그중 가장 대표적인 것이 재정 문제였다. 태조 왕건은 호족과 협력하는 사찰을 자신의 편으로 끌어들이면서 재정 문제를 해결해주기 위하여 술을 만들어 팔 수 있는 양조권을 주었던 것이다.

고려 중기 이후 사찰에서는 경쟁적으로 불경을 간행했는데 금이나 은으로 경문을 베끼다 보니 많은 돈이 필요했다. 그리고 통일신라나 고려 전기에 절에서 만든 불상은 대부분 석불이었으나 고려 중기 이후에는 철로 불상을 만들고 금이나 은으로 도금을 하면서 많은 돈이 필요했다. 그 결과 절에서 이루어지는 각종 불사는 재정적인 어려움을 겪었으며 신도들에게 거두어들이는 불전금으로는 해결하기 어려워지자 결국 술을 빚어 팔게 되었던 것이다.

절에서 술을 빚는 것에 대한 부정적인 시각이 두드러지자 현종은 절에서 술 빚기를 금하고 이를 어긴 승려들을 처벌하였다. 《고려사》〈세가〉 제5 현종 18년(1027) 6월의 기사를 보자.

> 양주에서 상소문을 올리기를, "장의사·삼천사·청연사 등의 승려가 술을 빚지 말라는 법을 어기고 합하여 쌀 360여 석으로 술을 빚었으니, 청하건대 법률에 의거하여 단죄하여주십시오."라고 하자, 이를 허락하였다.

절이 재정적으로 어려움에 빠진 또 다른 이유는 대규모의 불교 행사 때문이었다.

고려시대에는 국가적인 행사이자 대부분의 백성들이 참여하는 불교 행사로 2월에 연등회를, 11월에는 팔관회를 개최하였다. 연등회는 오늘날 부처님오신날에 이루어지는 연등축제처럼 부처님께 등을 공양하여 불쌍한 사람들과 사회의 어두운 곳에 빛을 주고자 실시하던 행사였다. 그러나 고려시대에는 연등뿐만 아니라 범패나 연극 등이 함께 공연되어 연등회 본래의 취지가 사라지고 오히려 돈만 많이 필요하게 되었다. 이에 술을 만들어 팔거나 심지어 백성들을 상대로 고리대금업까지 하였던 것이다.

원래 승가僧家에 들어오면 술을 하지 못하게 계율로 정했다. 하지만 절이 위치하고 있는 곳이 산속이라 먹을 것이 변변하지 못할뿐더러 추위와도 싸워야 했다. 러시아 사람들이 추위를 이기기 위해 알코올 도수가 높은 보드카를 마시듯이 추위를 이기기 위해 스님들이 비밀리에 조금씩 술을 마시기도 하면서 양조법이 발달하였다.

조선시대에 들어서는 숭유억불정책에 따라 불교는 산속으로 숨어들어야 했다. 그리하여 스님들은 더욱 어려운 환경 속에서 기운을 잃는 경우가 많았다. 이때 먹었던 것이 '반야탕'이라고 불리는 술이다.

절에서는 술 판매량을 늘리고자 특색 있는 술을 개발하는 데 힘을 기울였다. 절이 자리 잡은 산속에는 소나무가 많았다.

이 소나무를 이용하여 만든 송엽주가 특히 유명하다. 소나무는 농가에서 사용하는 소처럼 버릴 것이 없는 나무였다. 소나무 속껍질, 잎, 솔방울, 순과 뿌리, 꽃가루 등이 한약재나 식재료로 널리 쓰였다.

속껍질은 구황작물로 날로 먹거나 말려 보관했다가 물에 담가 떫은맛을 없앤 뒤 먹거나 가루로 만들어 송기떡을 빚었다.

꽃가루는 송황 또는 송화 등으로 불리는데 떡을 만들 때 쓰거나 기운을 보호해주는 약효가 있어 한약재로 사용하고 있다.

우리나라 대표 소나무인 속리산 정2품송

솔잎은 송모松毛라고도 하는 구황작물로 죽을 쑤어 먹기도 한다. 어린 솔잎은 김치를 담가 먹기도 한다. 잘게 썰어 항아리에 넣은 뒤 뜨거운 물 한 말을 넣어 보통 김치와 같이 담근다. 항아리 속 솔잎이 시원해질 무렵 무, 미나리 등을 썰어 넣거나 파, 부추, 된장, 소금 등으로 맛을 돋운다. 얼마간 시간이 지나 한 주발씩 수시로 그 물을 마시면 머리가 맑아지고 혈압을 낮추는 데 도움을 준다.

소나무를 원료로 만드는 술로는 어린 순으로 담그는 송순주, 솔방울 술인 송자주, 소나무 옹이(송절)를 삶은 즙으로 담그는 송절주, 솔잎으로 담그는 송엽주, 화분을 이용한 송화주 등 솔 향을 느낄 수 있는 다양한 술들이 있다.

소나무로 만드는 술을 재현한 인물은 전북 완주군 모악산 기슭의 수왕사에서 수행하는 벽암 스님이다. 우리나라 전통식품 명인 1호인 벽암 스님은 '송화백일주'라는 사찰주를 1980년대에 재현해내는 데 성공하였다. 조선시대에 간행된 조리서《규곤시의방》이나 농업 백과전서《임원경제십육지》를 참조하여 재현하였다. 송화 한 말을 물을 넣고 달인 후 누룩 석 되와 찹쌀죽 열 말을 섞어 100일 동안 발효를 시켜야 한다. 벽암 스님은 1992년부터 송화양조라는 조그마한 주조장을 차려 많은 사람들에게 맛을 보이려고 노력하고 계신다.

송엽주에 대해서는《동의보감》,《요록》,《치생요람》,《역주방문》,《술 만드는 법》,《춘향전》,《양주방》,《오주연문장전산고》,《김승지댁주방문》,《음식법》 등에 기록이 보인다.

《요록》에 기록된 송엽주 주조 방법이다. 솔잎과 물을 각각 여섯 말을 넣고 끓여서 두 말이 될 때까지 달여 찌꺼기와 송진을 버린다. 쌀 한 말을 깨끗이 씻어 곱게 가루로 만들어 솔잎 물을 넣고 죽을 쑤어 식힌 다음 좋은 누룩가루 한 되를 섞어 항아리에 담고 21일(삼칠일)이 경과한 다음 쓴다.

《양주방》에는 잘게 썬 생 솔잎 한 되를 굵은 베보자기에 넣어 독 밑에 넣고 담근다고 되어 있다.

《역주방문》에는 봄 3개월에는 동쪽으로 뻗은 가지의 솔잎을 채취하고, 여름 3개월에는 남쪽 가지의 것을, 가을 3개월 동안은 서쪽 가지의 것을, 겨울 3개월 동안은 북쪽 가지의 것을 채취하라고 하였다. 배에 냉기가 있거나 혈압이 높은 사람이 공복에 마시면 좋다고 한다.

이러한 술이 조선시대에 절에 불공을 드리러 다니던 부녀자들에게 전해져 종가마다 전통주로 내려오게 되었던 것이다.

그러나 고려시대에 절에 주었던 양조권은 절에 재정적인 안정을 가져다주면서 오히려 타락의 길로 빠지게 되었다. 불교의 타락은 고려 멸망의 한 원인이 되었으며, 성리학을 공부한 신진사대부들의 눈에는 부정적으로 비쳐 조선시대에 억불정책으로 이어지게 되었다.

절에서 술 문화가 발달한 것은 일본도 마찬가지이다. 일본의 술을 사케라고 한다. 일본 술의 원조로 알려진 술은 구치카미사케이다. 구치카미사케는 쌀을 입으로 씹어 발효시킨 후 먹는 술이다. 오늘날 일본의 대표적인 술인 청주는 절에서 만든 것으로 추정된다. 헤이안시대 이후 절에서 만든 술인 소보슈에서 유래된 것으로 미루어 일본 술도 절에서 발달했다고 하겠다.

효령대군 부부 묘(서울 방배동)

　술 때문에 가장 불우했던 인물은 조선의 효령대군이다. 태종의 둘째 아들인 효령대군은 형님인 양녕대군의 언행 때문에 세자가 될 뻔하였다. 그런데 효령대군은 술을 마시지 못하였다. 태종을 비롯한 관리들은 "효령대군이 술을 마시지 못하니 외교나 정치를 제대로 할 수 있을까?"라면서 반대하여 동생인 충녕대군(훗날 조선의 4대 왕인 세종)에게 세자 자리가 넘어갔다고 한다.

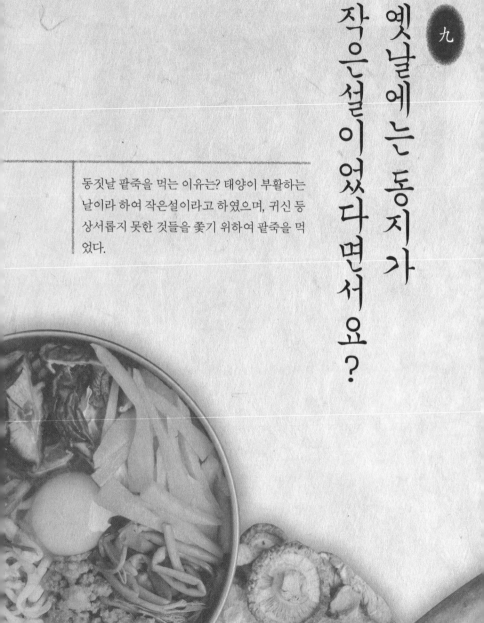

옛날에는 동지가 작은설이었다면서요?

동짓날 팥죽을 먹는 이유는? 태양이 부활하는 날이라 하여 작은설이라고 하였으며, 귀신 등 상서롭지 못한 것들을 쫓기 위하여 팥죽을 먹었다.

11월을 동짓^{冬至}달이라고 한다. 동짓날이 양력 12월 22일경으로 음력 11월에 해당하여 이렇게 부른다. 동지는 밤이 가장 길고 낮이 가장 짧은 날로 팥죽을 먹는다.

과거 중국 주나라에서는 동지를 신정^{新正}으로 삼았고, 해가 조금씩 길어지는 것을 태양이 위축으로부터 부활한다고 보아서 생명과 광명의 주^主인 태양신을 기리는 축제를 열었다고 한다. 낮이 길어지는 시기이므로 새해의 시작을 알리는 절기로 여겼다.

우리나라에서도 《동국세시기》에 따르면 동짓날을 아세^{亞歲} 또는 작은설이라고도 하여 마치 설에 떡국을 끓여 먹듯이 이날 팥죽을 쑤었는데, 새알 모양의 떡을 만들어 팥죽에 넣고 꿀을 타서 계절음식으로 삼아 먹었으며 제사상에 올리기도 하였다.

그러면 왜 팥죽을 먹었을까?

중국의 전설에 따르면 "공공씨共工氏가 재주 없는 아들을 두었는데 그 아들이 동짓날에 죽어서 역귀疫鬼가 되었다. 이 귀신은 붉은 팥을 무서워하므로 동짓날에 팥죽을 쑤어 물리치는 것이다."라고 한다. 공공씨는 중국 전설에서 강을 다스리는 신이다. 농사에 필요한 물을 내주는 신이지만 때로는 홍수를 일으켜 하천을 넘치게 한다. 홍수가 일어나면 사람이 죽기도 하고 여러 가지 전염병도 유행할 것이다. 바로 공공씨의 아들이 홍수가 일어난 뒤 전염병에 걸려 죽어서 역귀가 되었다는 것이다. 역귀는 그냥 귀신이 아니라 전염병을 유행시키는 귀신이다.

귀신이 팥죽을 무서워한 이유는 무엇일까? 전염병이 유행할 때 전염될 가능성이 높은 사람은 바로 허약한 사람이다. 팥죽을 먹으면서 영양을 보충하여 전염병을 예방하고 치료하기 위함인 것이다. 팥은 한의학에서 적소두赤小豆라는 이름으로 약재로 쓰이기도 한다.

애기동지일 때에는 팥밥이나 팥이 들어간 시루떡으로 대신하였다.

또한 낮의 길이가 짧고 밤의 길이가 길어 양의 기운보다 음의 기운이 강하여 귀신의 활동이 강하다고 여겼기 때문에 양의 기

팥죽(한감자블로그님 제공)   시루떡

운을 받기 위해 팥죽을 먹었다.

　우리나라에도 팥죽의 유래에 관한 전설이 있다.

　신라시대에 젊은 선비가 살았다. 선비는 진실 되고 학문에도
힘썼으나 집안이 너무 가난하였다. 어느 날 지나가던 길손이 하
룻밤 신세 지기를 청하여 허락하였다. 길손은 다음 날 새벽에 길
을 나서며 "친구로 지내면 어떻겠느냐?"라고 제안하니 선비도 허
락하였다. 그 이후 길손은 선비를 종종 찾아와 세상을 살아가는
데 필요한 것들을 조언하였다.

　"내년에는 벼농사를 지으시게."

　선비는 길손의 말에 따라 벼농사를 크게 지으니 풍년이 들어
돈을 벌었다.

　"내년에는 보리농사를 짓게나."

　이번에도 선비는 보리농사를 크게 하였다. 역시 풍년이 들면

서 돈을 벌었다. 몇 년 동안 길손의 말을 따른 선비는 어느덧 마을에서 제일가는 부자가 되었다. 선비는 길손이 고마우면서도 항상 새벽이면 집을 나서는 것을 이상하게 생각하였다. 더구나 선비의 몸에 이상이 생겨 아프기 시작하였다. 갖은 치료를 다해도 차도가 없자 선비는 근처의 절을 찾았다. 스님은 선비의 이야기를 듣고 말했다.

"지금 그대가 아픈 것은 당신을 찾아오는 그 길손 때문이오. 길손이 가장 싫어하는 것이 무엇인지 알아보시오."

길손이 찾아오자 선비는 스님이 시킨 대로 물었다.

"백마의 피를 가장 싫어합니다."

선비는 길손이 다시 찾아온 날에 백마를 잡아 집 곳곳에 피를 뿌렸다. 그러자 길손이 갑자기 도깨비로 변하더니 선비에게 저주를 퍼부으며 도망을 갔다. 이후로 길손이 찾지 않자 선비의 건강은 회복되었다. 그런데 해마다 동지가 되면 이 길손은 잊지 않고 선비를 찾아와 저주를 퍼부었다. 선비가 다시 스님을 찾았다.

"동지 때마다 도깨비가 찾는데 매년 백마를 잡을 수도 없고 어떻게 하면 좋을까요?"

"백마의 피가 붉으니 도깨비가 붉은 빛깔을 무서워하는 모양이네. 그러니 붉은 빛깔이 나는 팥죽을 쑤어 뿌리게."

스님의 말에 따라 길손이 찾아오는 동지에 팥죽을 쑤어 집 안

곳곳에 뿌리니 과연 도깨비가 다시는 찾지 않았다. 그리하여 그 이후 동짓날이면 팥죽을 먹게 되었다고 한다.

이 밖에 팥죽을 문밖에 뿌려 상서롭지 못한 것을 물리치게 했으며, 조상에게 팥죽제사를 지냈고, 부락 수호신이나 나무귀신·성주에 바치고 손을 비비고, 잡귀신을 쫓거나 부정을 몰아내기 위해서 팥죽을 문지방·부엌·벽·당·대문·담·뒤란·도랑에다 뿌렸다. 그러나 이러한 일을 금하는 어명을 내리기도 하였다. 《영조실록》영조 46년(1770) 10월 8일 기사를 보자.

하교하기를,

"예전의 풍속에 입춘에 사대부 집에 내거는 채색 깃발인 춘번春幡, 입춘에 채색 채찍으로 소를 채찍질하는 데 쓰는 검은 소인 청우靑牛, 정월 초이렛날 머리에 하는 부인의 머리꾸미개인 인승人勝, 단옷날 악귀를 물리치는 용도로 만드는 쑥 묶음의 인형인 애용艾俑 따위가 있었으나 옛날의 현인이 제거하기를 아뢰었기 때문에 나도 또한 내국의 3개의 붉은 비단주머니와 단오절의 쑥띠艾帶를 제거하도록 명하였다. 신구新舊 경신일과 설을 쇠는 밤에 진배進排하는 풍속은 그 유래를 알 길이 없었는데, 《사문유취》를 지금 상고하여 보고서 내 나름대로 생각하기를, 올바른 말을 듣고 올바른 일을 행하는 길은 늘 마음을 바로잡고 몸을 수양하여야 되지, 경신일과 섣달그믐 밤에 앉아서 밤을 지새운다 하여 무슨 보탬이 있겠는가? 때문에 이날의 진배를 그만두라고 명한 것이다. 또 동짓날의 팥죽은 비록 양기의 회생을 위하는 뜻이라 할지라도 이것을 문에다 뿌린다는 공공씨의 설이야기도 너무 정도正道에 어긋나기 때문에 역시 그만두라고 명하였는데, 이제 듣자니 내섬시에서 아직도 진배를 한다고 하니 이 뒤로는 문에 팥죽 뿌리는 일을 제거하여 잘못된 풍속을 바로잡으려는 나의 뜻을 보이도록 하라."

하였다.

미신을 바로잡으려는 영조의 뜻이 아닐까 생각한다.

또한 유행 감기가 돌면 죽을 쑤어서 길 위에 뿌리는데 이것을 '얼음심'이라고 한다. 불교신도들은 동짓날에 불공을 드릴 때 팥죽을 올렸다. 이러한 내용으로 볼 때 동지에는 붉은색을 싫어하는 귀신을 쫓기 위해 모든 사람이 팥죽을 먹었음을 알 수 있다.

그런데 동지임에도 팥죽을 먹지 않을 때도 있다. 동지는 드는 시기에 따라 다르게 부른다. 동지가 초순에 들면 애동지, 중순에 들면 중동지, 하순에 들면 노동지라 한다. 중동지와 노동지에는 팥죽을 쑤지만 애동지에는 팥죽을 쑤지 않는다. 왜냐하면 아이에게 좋지 않기 때문이라고 한다. 팥죽이 전염병에 걸린 아이 귀신을 쫓아내기 위한 것인데 오히려 이것이 애동지에는 아이들에게 해가 되지 않을까 두려웠기 때문이다.

오늘날에는 일본의 '조니' 흉내를 낸 단팥죽이 청소년들에게 인기를 끌고 있다.

이러한 팥죽은 오늘날 겨울철 몸을 보양하는 가장 좋은 영양 음식으로도 평가받고 있다. 우리 조상들의 지혜를 보는 듯하다. 팥죽의 주요 재료인 팥은 보통 10월경에 수확한다. 단백질이 풍부한 곡물 중 하나로 식이섬유나 비타민B1, 칼슘, 칼륨, 엽산 등 여러 영영소를 포함하고 있다. 쌀을 주식으로 하는 우리나라 사람들에게 부족한 영양분인 비타민B1, 칼륨 등을 보충할 수 있다. 특히 비타민B1은 식욕 저하, 무기력증, 신경쇠약 등을 동반하는 각기병을 예방한다. 팥은 또한 이뇨 작용이 뛰어나 우리 몸속의 불필요한 수분을 몸 밖으로 배출하고, 식이섬유가 풍부하고 당분 함량은 낮아 혈당과 체중 조절에도 도움이 된다.

서양에서도 팥죽을 먹는 민족이 있다. 바로 유대인이다. 이들은 장례식에 팥죽을 먹었다. 고인故人이 다음 생에는 좋은 곳에서 태어나기를 바라는 윤회사상 때문이다. 팥이 둥글둥글하기에 윤회사상과 같다고 본 것이다.

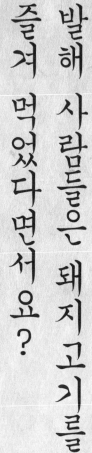

발해 사람들은 돼지고기를
즐겨 먹었다면서요?

발해는 겨울이 춥고 길어 추위를 이겨내려면
지방을 많이 섭취해야 했으므로 집집마다 돼지
를 길러 그 고기를 즐겨 먹었다.

돼지는 우리 민족과 오랜 시간 함께한 동물이다. 돼지는 부여 시대에 처음 등장한다. 부여는 5부족 연맹체이다. 중앙은 왕羊이 다스리고 각 부족별로 마가馬加, 우가牛加, 저가豬加, 구가狗加로 형성되어 있다. 여기에서 저가는 돼지를 수호신으로 하는 부족연맹체이다. '저豬'는 돼지를 뜻한다. 돼지를 부족의 수호신으로 삼은 것은 아마도 날씨가 추운 부여 지방에서 돼지가 추위를 막아주는 데 큰 역할을 했기 때문이다. 추위를 막기 위해서는 지방이 필요한데, 돼지는 지방이 풍부하고 그 가죽은 추위를 막아주는 멋진 옷이 되었다.

《후한서》85권 〈동이열전〉 제75에 "돼지 기르기를 좋아하고,

그 고기를 먹었으며, 그 가죽으로 옷을 만들어 입었다. 돼지기름을 볼에 바르고, 때로 돼지도 순장시켰다."라는 기록으로 미루어 이즈음 돼지를 매우 다양하게 이용하였음을 알 수 있다.

《삼국사기》〈고구려본기〉제4에 돼지와 관련한 기록이 있다.

고국천왕은 몸이 무거움을 느꼈다. 일어날 수가 없었다. 왕비에게 손을 뻗으려고 했으나 손을 들 수가 없었다. 왕은 '이제 나도 여기서 끝나는구나.' 하는 생각을 하니 세월의 무상함을 느꼈다. 왕은 왕비에게 한마디 말도 못한 채 숨을 거두었다.

왕비는 자신을 쫓는 호랑이를 피하느라 온몸이 땀으로 범벅이 되었다. 호랑이에 먹히는 순간 왕비는 잠에서 깨어났다.

"괴이한 꿈이네."

왕비는 혼잣말을 하면서 자리끼를 찾았다. 곁에는 여전히 평온한 표정으로 왕이 자고 있는 듯했다. 문득 왕비는 왕을 보면서 섬뜩함을 느꼈다. 왕비는 조심스럽게 왕의 가슴에 손을 얹었다. 심장이 뛰지 않았다. 귀를 왕의 입과 코에 가까이 댔으나 숨소리가 들리지 않았다. 왕비는 조용히 왕을 불렀다.

"폐하! 폐하!"

대답이 없었다. 왕비는 무서웠다. 소리를 지르려다가 생각했다.

'내게는 자식이 없으니 시동생이 분명 왕권을 계승할 텐데 그러면 나는 국모의 자리에서 물러나야 하잖아. 이 좋은 국모의 자리를 뺏길 수야 없잖아. 어쩌면 좋을까?'

왕비는 결심을 한 듯 자리에서 벌떡 일어났다. 그리고는 왕의 첫째 동생인 발기의 집으로 향했다. 발기는 한밤중에 자신을 찾은 왕비를 이상한 눈초리로 쏘아보며 형이나 잘 모시라고 문전박대를 했다.

"고얀 사람!"

왕비는 이렇게 말하며 침을 뱉고는 둘째 동생인 연우의 집을 찾았다. 연우는 반갑게 그녀를 맞아주었다.

"이 누추한 곳까지 어인 일로?"

"……."

"어서 안으로 들어가 얘기합시다."

안색이 창백하고 서두르는 것이 예삿일이 아니라고 생각한 연우는 가족 몰래 자신의 방으로 맞아들인 다음 따뜻한 음식을 내놓으며 말했다.

"이 밤중에 무슨 일로 시종도 없이 오셨나요? 몹시 지쳐 보이시니 어서 따뜻한 음식을 드시지요?"

그러나 왕비는 자세를 바로하면서 말했다.

"지금 대왕께서 승하하셨습니다. 그러나 후사가 없기에 발기를 찾았으나 문전박대해서 여기까지 왔소이다."

연우는 황송하였다. 그러나 모른 척 다시 한 번 왕비에게 물었다.

"그럼 누구를 생각하고 계십니까?"

왕비는 누가 듣기라도 할까 조용히 그러나 단호하게 말했다.

"이제 대업大業을 쌓으셔야지요."

"이 미천한 몸이 어찌……."

연우는 감격에 겨워 말을 잇지 못했다. 어느덧 새벽을 알리는 닭 울음소리가 들렸다. 왕비는 서둘렀다.

"서둘러 들어가야 합니다. 그런데 혹시 무슨 일이 일어날지 모르니 궁까지 바래다주시겠소?"

연우는 기꺼이 왕비를 궁까지 모시고 갔다. 날이 밝자 왕비는 대국민 담화문을 발표했다. 이때가 서기 197년이다.

　백성들은 들으시오!

　불행하게도 어젯밤에 국왕께서 승하하셨습니다. 국왕께서는 승하하시면서 후사를 동생인 연우님이 계승하라고 유언을 남기셨습니다. 그러므로 여러분께서는 이제 새로운 국왕을 중심으로 고구려를 더욱 빛내도록 합시다.

왕비가 담화문을 발표하자 왕위 계승 1순위였던 발기는 노발대발했다.

"에이, 고얀 년! 내가 가만두지 않겠노라."

발기는 군사를 일으켜 궁성을 포위했으나 연우와 왕비는 성문을 굳게 닫고 나오지 않았다. 발기는 연우의 가족을 무참히 살해했다. 그래도 연우가 꿈쩍도 하지 않자 발기의 군사들는 동요하기 시작했다.

"이제 왕권이 연우에게 갔으니 우리 목숨도 파리 목숨이 아니야?"

"그래, 우리 연우에게로 가자."

발기는 군사들이 수군거리며 도망하자 요동에 있는 공손탁에게 도움을 청했다.

"저는 고국천왕의 아우로 형이 아들 없이 죽었으니 내가 왕위를 계승해야 하는데도 형수 우씨는 연우와 함께 일을 꾀하여 천륜의 의를 무시하려 하고 있습니다. 저에게 군사 3만 명만 내주신다면 반역의 무리를 쳐부수겠습니다."

공손탁은 이 사건이 고구려 내정에 간섭할 기회라고 여겨 3만의 군사를 내주었다. 그러나 발기는 고구려 군사들의 끈질긴 저항에 패배했고, 배천으로 줄행랑을 쳤다가 원수를 갚지 못한 것을 탄식한 끝에 결국 자살하고 말았다.

이제 고구려는 연우에게로 기울었다. 연우를 왕위에 앉혔던 왕비는 바로 고국천왕의 부인이었다. 그녀가 연우를 산상왕으로 즉위시키자 연우는 그녀를 우왕후라 칭하였다.

이후로도 우왕후에게는 후사가 생기지 않았다. 선왕인 고국천왕과의 사이에도 후사가 없었는데 산상왕과의 사이에도 7년이 지나도록 아무 소식이 없자 초조하였다. 왕은 초조해하는 우왕후를 위로했다.

"부인, 너무 서두르지 마십시오. 내일부터라도 산천초목에 기도합시다."

"고맙습니다."

두 사람은 다음 날부터 명산을 찾아 기도를 올리며 정성을 다하였다.

정부 관리들은 후사 없음을 걱정하여 산상왕에게 건의했다.

"어서 후비를 들이시어 후사를 보셔야 합니다."

"그렇사옵니다."

왕은 거절하였다. 우왕후도 그런 산상왕이 고마웠다. 그러나 산상왕의 꿈에 천신이 나타나 말했다.

"후비로 하여금 아들을 낳게 하리라."

왕은 천신에게 제사를 지내려고 돼지를 준비했다. 그런데 돼지가 도망을 하니 군사들이 잡으려 애를 썼으나 도저히 잡을 수가 없었다. 이때 스무 살가량의 여인이 나타나자 돼지가 그 앞에 가만히 엎드렸다. 군사들이 이 사실을 산상왕에게 말하자 산상왕은 그 여인에 대한 호기심이 생겼다.

며칠 뒤 왕은 여인의 집을 향해 밤에 몰래 길을 나섰다. 왕의 행차에 놀란 여인은 급히 옷을 차려 입고 왕을 맞이했다. 여자의 아름다움에 왕은 한눈에 반해버렸다.

"너의 이름이 무엇이더냐?"

여인은 수줍어하며 말했다.

"저는 후녀后女이옵니다. 어머니가 저를 임신했을 때 점쟁이가 왕녀를 낳을 것이라 하여 후녀라고 했답니다."

"그 점쟁이는 참으로 용하구나. 네가 나를 만나는 사실을 미리 알고 있었나보구나."

그러자 여인이 왕에게 말했다.

"혹시라도 대왕의 아이를 가지거든 저를 버리지 마시옵소서."

"그래, 알았다."

그리하여 두 사람은 정을 나누었다.

우왕후는 산상왕이 후녀를 가까이하면서 자신을 멀리하자 후녀를 죽이려 군사를 보내었다. 후녀는 남자 옷으로 갈아입고 도망을 쳤으나 결국 군사들에게 붙잡혔다. 후녀는 군사들에게 소리쳤다.

"이 무례한 놈들, 내 뱃속에는 대왕의 뒤를 이을 아이가 자라고 있느니 내 몸에 손을 댔다가는 너희들도 살아남지 못하리라."

후녀의 말에 군사들은 할 수 없이 우왕후에게 사실을 말하니 그녀도 후녀를 해칠 수가 없었다. 209년(산상왕 13) 9월에 후녀가 사내아이를 낳자 왕은 기뻐하며 말했다.

"이는 하늘이 나에게 주신 선물이로고!"

그리고 후녀를 후비로 삼고 주통촌에서 돼지 때문에 얻은 아이라고 하여 이름을 교체^{郊彘}라고 하였다. 212년(산상왕 17) 정월에는 교체를 왕태자로 삼았다.

그러나 우왕후는 교체를 괴롭혔다. 산상왕이 없을 때면 교체를 여러 가지로 시험했다. 교체가 아끼는 말의 갈기를 잘라버리니 교체는 울며 말을 달래주는가 하면, 시종에게 일부러 교체의 옷에 국물을 쏟도록 했으나 오히려 교체가 "혹시 뜨거운 국물에 다치지는 않았느냐?" 하면서 시종을 걱정하니, 고구려 백성들은 왕태자를 존경하고 따르게 되었다.

227년(산상왕 30) 5월에 산상왕이 승하하자 교체가 그 뒤를 이어 고구려 제11대 왕으로 등극하니, 이가 곧 동천왕이다. 그는 자신을 괴롭히던 우왕후를 태후로 삼고 극진히 모셨다. 우태후가 지난 잘못을 뉘우치며 말했다.

"대왕, 지난날 내가 너무 많은 잘못을 했구려. 용서해주시겠소."

이에 동천왕이 대답했다.

"용서는 무슨 용서를요. 부디 건강하셔서 오래오래 사십시오."

이후 동천왕은 우태후를 더욱 지극 정성으로 보살폈다. 그녀는 234년(동천왕 8) 9월에 세상을 떠났다. 동천왕은 선왕이 죽으면서 "내가 죽거든 왕후와는 합장하지 말거라."라는 유언에 따라 우왕후와 산상왕의 무덤 사이에 소나무 일곱 겹을 심었다. 일종의 친위 쿠데타라고 할 우왕후의 행동은 외로운 여걸의 투쟁이라고 하겠다. 그러나 우왕후는 죽어서도 외로운 고독을 씹어야만 했다.

아마도 고구려에서도 돼지는 신성한 동물로 귀하게 여긴 것으로 추정된다.

이렇게 고구려인들이 많이 먹고 신성시하던 풍습은 발해로 이어졌다.

고구려가 나당 연합군에 의해 멸망하고 30년이 지난 698년에 동모산을 근거로 부흥 운동을 벌인 대조영과 걸사비우가 나라를 세워 진震이라 하였다. 남북국시대가 200여 년 동안 지속되는 시점이 되는 것이다.

발해는 부여나 고구려와 마찬가지로 겨울은 춥고, 여름은 따뜻하고 습하나 짧으며, 봄가을은 메마르고 건조한 지역에 자리 잡고 있었다. 영토는 동쪽으로는 연해주에 접하고, 남쪽으로는 대동강과 원산만에 이르며, 북으로는 흑룡강에 이르니 아무래도 겨울이 길었다. 한겨울에는 오전 9시가 되어야 날이 밝고 오후 4시면 어두워졌으며, 기온도 매우 낮아 겨울에는 영하 30도 아래로 내려갔다. 삼림은 무성하여 침엽수와 활엽수의 혼합림이 울창했다.

그러므로 겨울은 몹시 춥고 길었다. 이를 막기 위해서는 추위를 이겨낼 수 있는 지방을 많이 섭취해야 했으므로 집집마다 돼지를 길러 그 고기를 즐겨 먹게 된 것이다. 또한 발해인들은 돼지고기와 함께 쑥떡과 바닷고기, 중국 동북부 일대에서 많이 재배한 콩으로 만든 된장을 즐겨 먹었다.

돼지고기는 발해의 특산물이기도 했다. 돼지고기 외에 다른 특산물로는 태백산의 토(菟: 새삼과의 한해살이 식물로 약으로 쓰였다), 남해의 다시마, 책성의 콩자반시(콩으로 만든 된장의 한 종류), 부여의 사슴, 노성의 쌀, 환도의 자두, 낙유의 배梨 등이 있다. 또한 발해 사람들은 방해조개·건문어·치鯔 등의 수산물, 아욱·부추·겨자·대파·오이 등의 채소류, 호랑이·사자·곰·멧돼지·사슴·이리·쥐 등의 사냥 짐승으로 다양한 음식을 만들어 먹었다. 음력 5월 5일 단오에는 궁중에서는 잔치를 베풀었으며, 쑥잎 모양의 과자를 즐겨 먹었다.

발해 사람들은 돼지의 가죽으로 만든 옷을 즐겨 입었다. 멧돼
지 가죽으로 허리띠를 만들었고 화혜靴鞋라는 바닥신을 만들어
신었다. 옷에 짐승 뼈를 붙여 장식하기도 하였다. 여름에는 오리
잎 모양의 풀로 만든 모자를 썼고 겨울에는 추위를 막기 위한 가
죽 모자에 연꽃을 꽂아 장식하기도 하였다. 1980년에 발굴한, 발
해 제3대 문왕 대흠무大欽茂의 넷째 딸인 정효공주 무덤에서 발해
인의 복식服飾과 얼굴 모습을 알 수 있다.

벽화에 12명의 인물, 모자, 이마 모습, 목 밑의 옷 장식, 홍색·

복원한 정효공주묘 벽화(속초시립박물관)

청색·황색·자색 꽃무늬를 새긴 긴 옷깃의 장식, 허리띠, 가죽과 마로 만든 신발의 양식, 규격, 장식 등이 잘 나타나 있다.

발해의 가족생활은 일부일처제를 기본으로 하면서 여성의 지위가 높았다고 한다. 이곳 부인들은 모두 사납고 투기가 심했다. 결혼한 여자들은 다른 성씨와 연결을 맺어 10명의 의자매를 이루었는데, 번갈아가며 남편을 감시하고 남편이 첩을 두거나 다른 여자와 연애하는 것을 용납하지 않았다.

만일 이런 일이 알려지면 반드시 독을 넣어 남편을 독살하려 했다. 한 남편이 바람을 피우는 것을 그 아내가 알지 못하더라도 아홉 사람이 모두 일어나 그를 꾸짖는 것을 서로 다투어 자랑으로 여겼으므로 남자들이 한눈파는 것은 상상도 할 수 없는 일이었다.

그러므로 거란과 여진의 여러 나라에는 모두 창녀가 있고 남자들은 작은 부인이나 시중드는 계집종들을 거느리고 있었으나 오직 발해에만 창녀나 작은 부인이 없었다.

우리는 고구려를 계승한 발해가 독자적인 연호를 사용했거니와 중국과 대등한 위치였음을 잘 알고 있는데, 여기에는 이 같은 여성들의 내조가 큰 몫을 했으리라 생각한다.

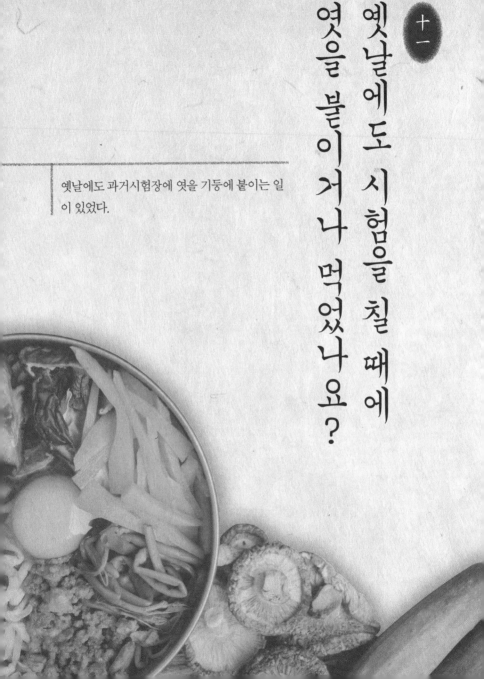

옛날에도 시험을 칠 때에
엿을 붙이거나 먹었나요?

十一

옛날에도 과거시험장에 엿을 기둥에 붙이는 일
이 있었다.

미신의 사전적 풀이는 '비과학적이고 종교적으로 망령되다고 판단되는 신앙이나 그런 신앙을 가지는 것 또는 아무런 과학적·합리적인 근거도 없는 것을 맹목적으로 믿는 것'을 말한다. 한국에서 가장 흔한 미신은 점을 친다든가, 시험이나 중요한 일을 앞두고 믿는 징크스 같은 금기사항Taboo, 무속 신앙이나 점술가와 무속인들이 만들어주는 부적 등의 형태로 존재한다. 이것을 과학적이라고 주장하는 일부 사람들도 있지만 대부분 합리적인 근거가 없는 비과학적인 믿음이라고 할 수 있다.

이러한 미신은 위험하고 험한 환경에 처했거나 간절함을 지닌 사람들에게 영향을 미치고 있다. 가령 뱃사람들은 늘 바다에 나가 고기잡이를 하고 화물을 운반해야 하므로 언제 바다의 기상이 변할지 모르기 때문에 두려움을 지니고 있다. 그래서 여자를 배에 태우면 불길하다고 믿었다. 또한 생선을 먹을 때 절대 뒤집어 먹지 않는다. 생선을 뒤집는 것은 배가 뒤집어지는 것과 같다고 생각하는 것이다. 특히 시험에 대한 징크스는 옛날에도 대단했던 모양이다.

우리나라에서 과거시험을 실시한 것은 고려 광종 이후이다. 그리고 성종 이후 유학이 국가의 지도 이념으로 확립되면서 과거시험의 중요성은 더욱 커져갔다.

조선시대에 들어서는 성리학이 점차 나라의 중심 사상으로 자리 잡으면서 과거시험의 중요성은 더욱 커졌다. 고려시대에 비하여 조상의 음덕으로 관리가 되는 음서보다 과거라는 시험을 통하여 관리가 되는 것을 집안의 경사로 여겼다. 음서로 관리가 된 사람들은 과거시험으로 관리가 된 사람들에게 따돌림을 당했으며, 이들은 승진하기도 어려웠다. 이에 조선시대 선비들은 과거에 목맬 수밖에 없었다.

우리나라 사람들은 문경새재가 있는 영남대로는 '과거길, 성공길, 출세길'로 생각한 반면, 강진·해남·진도 등으로 향하는 호남의 옛길인 삼남대로는 '유배길'로 생각하였다고 한다. 특히 문경새재는 선비들에게 인기 있는 길이었다. 경상도에서 한양으로 올라가는 길에 세 개의 고개가 있다. 문경새재(조령)와 추풍령, 죽령이 그것이다.

추풍령이나 죽령은 선비들이 넘기를 꺼리던 길이었다. 추풍령은 '추풍낙엽처럼 떨어진다'고 생각하여 과거시험에서 떨어지는 길이요, 죽령은 '과거에서 죽죽 미끄러진다'고 생각하여 꺼리던 길이다. 부득이하게 추풍령을 넘으려는 사람은 그 옆쪽의 괘방령을 넘었다고 한다.

반면 문경새재는 '문경聞慶'이 '경사스러운 소식을 듣는다'는 뜻이고 옛 이름이었던 문회聞喜 역시 '기쁜 소식을 듣는다'는 뜻을

문경새재(한감자블로그님 제공)

담고 있고, 새재는 '새도 넘기 힘든 고개'를 말하니 문경새재를 넘었다고 하는 것은 '승승장구한다'는 상징으로 여겨 선비들에게 자신감을 주었을 것이다.

문경새재는 1414년(태종 14) 나라에서 영남대로(한양~동래)로 개척한 길 중 문경과 충북 괴산을 연결하는 고갯길이었다.

보통 동래에서 한양까지 가는 가장 짧은 길이 문경새재였기에 선비들에게 인기도 있었을 것이다. 문경새재를 거치면 14일, 죽령은 15일, 추풍령은 16일이 걸렸다.

요즈음에 시험을 보기 전에 꼭 붙으라고 엿이나 찹쌀떡을 선물로 주는 일이 많다. 심지어 엿뿐만 아니고 잘 찍으라고 포크를 준다거나, 잘 풀라고 휴지를 주기도 하며, 잘 풀리라고 실을 주거나, 잘 보라고 거울을 주는 등 다양해졌다. 또한 '가서 돼라'는 뜻에서 카스텔라를 선물하기도 한다. 그리고 시험을 보는 장소의 문이나 기둥에 엿을 붙여서 청소하는 사람들을 힘들게 하는 경우도 있다.

옛날에도 엿을 먹거나 엿을 기둥에 붙이는 것은 오늘날이나 다름없었다. 이러한 풍습이 자리 잡은 까닭은 전설 때문이다.

전설이 생겨난 지역도 바로 문경새재이다. 문경새재를 하루에 넘기는 매우 힘들었기 때문에 문경새재 정상인 조령에는 숙박시설이 있었다. 당시 관리들은 나라에서 지어 관리하던 관이나 역,

원에서 숙박을 하였다. 조령에도 관리들의 출장길에 숙식의 편의를 제공했던 공익시설인 조령원이 있었다. 세월이 흐르면서 폐허가 되어 터만 남은 것을 지금은 복원을 해놓았다. 관리들과 달리 일반인들은 주막이나 객주에서 하룻밤을 지내야 했다. 이러한 주막과 객주는 따로 숙박료는 받지 않으면서 술이나 밥을 주로 팔았다. 또한 양반이나 상민, 천민 구분 없이 먼저 오는 사람이 아랫목을 차지하면 그만인, 조선시대에 유일하게 신분 차별 없는 장소였다.

조령 정상에서 할머니가 과거를 보러 가는 선비들을 상대로 엿을 팔고 있었다. 사람들은 무심하게 지나쳤는데 한 선비가 할머니가 파는 엿을 사 먹고 과거에 합격한 후에 과거시험을 보기 전에 엿을 먹거나, 과거시험장 기둥에 엿을 붙이는 풍습이 생겼다고 한다.

달리 전하는 이야기도 있다. 남편이 과거시험을 볼 때 아내의 도움을 나타내는 기준을 엿으로 삼았다고 한다. 선비들은 과거 시험을 보러 가기 위해 하룻밤을 주막에 머물 때 아내가 정성을 다해 밤을 새워 만들어준 엿을 길게 늘였다. 이때 그 빛깔이 희면 흴수록 부인이 남편 뒷바라지를 잘한 것으로 생각하였다. 그리하여 시험장에 엿이 등장하게 되었던 것이다.

과거시험을 보느라 머리를 쓰다 보면 에너지가 많이 소모되므로 이를 보충하는 데 당분이 많이 들어 있는 엿이 좋다는 우리 조상들의 과학적인 생각을 담고 있는 것이다.

문경새재에서 엿을 사 먹고 과거시험에 합격했다는 소식은 빠르게 전국에 퍼졌다. 그리하여 호남 지방에 살던 선비들도 일부러 문경새재를 넘어 엿을 사 먹고 한양으로 향했다는 이야기도 전한다.

아마도 문경새재를 넘어 한양으로 갈 때는 과거시험에 합격하리라는 열망이 가득했을 것이요, 문경새재를 넘어 영남 지방으로 올 때는 낙담하는 사람과 합격의 영광을 함께하려는 사람들로 나누어졌을 것이다. 영남에서 한양으로 올라가 과거시험에 합격하는 비율은 13% 안팎이라고 한다. 열 명 가운데 겨우 한 명 정도가 합격하고 나머지는 눈물을 머금어야만 했다.

조선 후기의 학자이자 《미산유고味山遺稿》를 남긴 박득녕은 낙방의 아픔을 다음과 같은 시로 읊었다.

해마다 올라오는 한양이었으나
금년처럼 우울하고 쓸쓸한 여행길은 없었다
길동무도 없이 가는 발길이
너무 무겁다

임진왜란 때 의병을 일으키고 정묘호란이 일어났을 때 군사를 일으키면서 인조를 호종했던 유우잠도 과거에서 쓴잔을 마신 적이 있는 모양이다.

지난해 새재에서 비를 만나 묵었더니
올해는 새재에서 비를 만나 지나갔네
해마다 여름비 해마다 과객 신세
필경엔 허황한 명성으로 무엇을 이룰 수 있을까

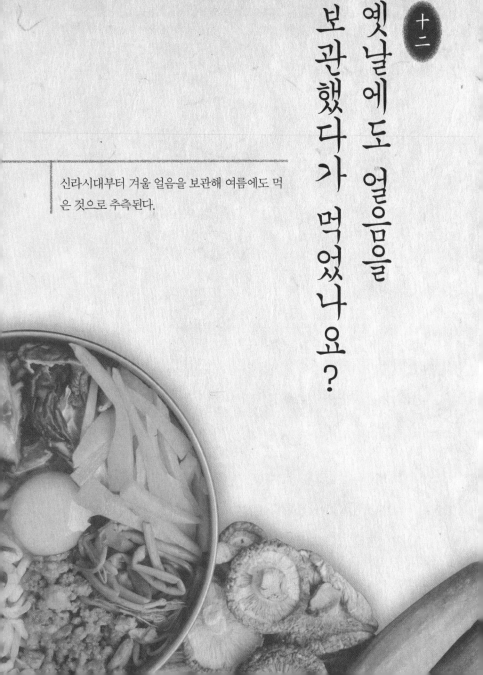

十二

옛날에도 얼음을
보관했다가 먹었나요?

신라시대부터 겨울 얼음을 보관해 여름에도 먹
은 것으로 추측된다.

요즈음에는 얼음이 아주 흔하여 그 중요함과 고마움을 잊고 살지만 옛날에 얼음은 아주 귀한 물건이었다. 그럼 옛날에는 얼음을 어떻게 만들어 보관했으며, 신분에 관계없이 아무나 먹을 수 있었는지 궁금해진다.

　조선시대에 궁중에서는 평양의 대동강 근처에 사는 사람들이 특산물로 바친 얼음을 보관하여 일 년 내내 썼다. 평양 사람들은 겨울이 따뜻하면 울었다고 한다. 나라에 얼음을 바쳐야 하는데 얼음이 얼지 않거나 비록 얼음이 얼었다 하더라도 진상하려고 뜨다 보면 녹기 일쑤였기 때문이다. 여기에서 우리는 겨울에 자연적으로 만들어진 얼음을 저장했다가 썼다는 사실을 알 수 있다.

이 얼음을 여름에 사용하기 위해서는 보관 창고가 필요했을 것이다.

지금 서울 동네 이름 중에 서빙고동이 있는데 여기가 바로 얼음을 저장하기 위한 창고가 있던 장소다. 이곳에는 8개의 얼음 창고가 있었으며 왕실 주방용과 고위 관리들에게 나누어줄 배급용으로 쓰였다. 이 당시 서빙고의 반대편에도 얼음 창고가 하나 더 있었다. 한강 하류 두모포에 설치한 얼음 창고로 이곳에서는 나라에서 제사에 쓸 얼음을 보관했다.

우리 조상들이 얼음을 사용한 것은 조선시대보다 훨씬 앞선 때였다. 경주에 있는 석빙고가 조선 영조 때 만들어진 것이라는 기록이 있지만 신라시대부터 얼음을 사용했고 이를 보관하던 얼음 창고가 있었다. 《삼국유사》 1권 〈기이〉 제2 노례왕(신라의 3대 임금 유리이사금)조에 "보습과 얼음 창고와 수레를 만들다." 라든가, 《삼국사기》 〈신라본기〉 제4 지증마립간조에 "얼음을 저장하고 선박 이용의 제도를 정하다."라는 기록으로 미루어 경주의 석빙고는 이미 신라시대에도 얼음 창고 노릇을 했으리라 추측된다. 특히 신라는 우리나라 남부에 위치하여 얼음을 저장하는 시설이 필요했을 것이다. 그러므로 영조 때 만들었다는 기록은 시설을 보수하고 나서 작성한 것이라고 생각할 수 있다. 신라

경주 석빙고

와 함께 고구려와 백제도 얼음을 사용했다는 기록이 보인다.

고려시대에도 잔치에 얼음 덩어리로 만든 조각품을 사용했다는 기록이 있는 것으로 보아 석빙고와 같은 얼음 창고가 존재했을 것이다. 또한《고려사》〈세가〉제6 정종 2년(1036) 6월 25일 기사에 "치사한 고위 관리들에게 얼음을 하사하다."라는 기록으로 보아 여름철에 관리들에게 얼음을 선물로 주었음을 알 수 있다.

《선화봉사고려도경》27권의 기사를 보자.

순천관 건물의 정청은 5칸이며 양쪽 행랑은 각각 2칸인데 창호를 내지는 않은 채 툭 터서 기둥 9개로 만들었다. 방문榜文에는 '순천지관順天之館'이라고 썼으며 동서 양쪽으로는 2개의 계단을 만들었는데 모두 난간을 설치하였다. 그 위에는 수놓은 비단으로 된 장막을 펼쳤는데 그 문양으로는 날아가는 난새와 둥근 꽃송이를 그린 것이 대부분이다. 4면에는 꽃을 수놓은 칸막이 판圖障을 펼치고 좌우에는 팔각형 빙호氷壺를 두었는데, 빙호는 얼음을 담는 옥그릇을 말한다.

기사를 보면 관청에는 얼음을 보관할 수 있는 이동식 냉장고라고 할 수 있는 빙호를 두어 필요할 때마다 얼음을 사용한 것으로 보인다.

조선시대에도 얼음을 다양한 용도로 사용하였다. 사신이 왔을 때는 귀한 음식으로, 더위로 아픈 사람들에게는 치료 겸 위로의 선물로, 제사 음식으로, 그리고 사람이 세상을 떠났을 때 시신의 부패를 막기 위한 용도로도 사용하였다.

《세종실록》세종 14년(1432) 7월 18일 기사다.

강원도 감사가 아뢰기를,

"사신이 경과하는 여러 고을에 얼음을 간수하게 하여 대접하게 하소서."

하니, 임금이 말하기를,

"나도 또한 상시 생각하기를, 사신이 함길도에 갈 때 얼음을 싸 가지고 바삐 가게 되니 그 폐단이 적지 않으므로, 길가의 주현州縣에 얼음을 간수하여 필요한 물품을 보관하고자 하였는데, 지금 이 계주啓奏가 있으니 마땅히 윤허할 것이다."

하였다.

사신이 왔을 때 대접하기 위해 얼음을 사용한 예이다.
다음은 《세종실록》 세종 16년(1434) 6월 11일 기사다.

예조에서 아뢰기를,

"동서 활인원活人院의 열병 앓는 사람들이 이제 한더위를 당하였사오니, 그들에게 부순 얼음을 주도록 하옵소서."

하니, 그대로 따랐다.

조선시대에도 날씨는 몹시 무더웠을 것이다. 당연히 오늘날 일사병이나 열사병 같은 열병이 있었을 것이요, 이를 치료하기 위해 백성들에게 얼음을 하사했던 모양이다.

다음은 《세종실록》 세종 16년(1434) 7월 2일 기사다.

예조에서 아뢰기를,

"영녕전과 종묘의 추향대제秋享大祭에는 더운 때가 되어서 희생犧牲을 쓰는데 얼음이 없으면 냄새가 날까 두렵사오니, 금후로는 영녕전과 종묘에 1실室마다 각각 얼음1장을 올리게 하고, 7월 삭망제에도 이 예例에 의하여 시행하되 영구히 항식恒式으로 삼게 하옵소서."

하니, 그대로 따랐다.

제사를 지낼 때 음식이 상하는 것을 막기 위해 얼음을 사용했음을 알 수 있다.

이처럼 옛날에도 얼음을 다양하게 사용하였다. 오늘날처럼 냉장고가 없던 시절이므로 겨울에 얼음을 구해 보관하였다가 여름에 사용하였다. 그러나 옛날에는 열을 막아줄 단열재가 발달하지 않았으므로 비교적 온도 변화가 적으면서도 저장과 반출이 쉽도록 반 지하 구조로 만들었다.

조선 초기까지 땅을 일정 깊이로 파고 기둥을 세워 대들보를 얹고 나서 서까래를 걸친 목조 구조였다. 그러나 목조로 만든 빙고는 매년 고쳐야 하는 번거로움 때문에 조선 후기에 이르러서

충청북도 옥천의 육영수 여사 생가에 있는 현대식 석빙고

는 석조로 바뀌게 되었다. 오늘날까지 석빙고가 남아 있는 지역은 경주, 안동, 창녕, 청도, 현풍, 영산, 북한의 해주 등인데 주로 영조 때 만들었거나 시설을 보수한 것들이다.

이처럼 우리 조상들은 과학적 지혜를 동원하여 여름에 얼음을 저장하는 방법을 일찍부터 깨우쳤던 것이다.

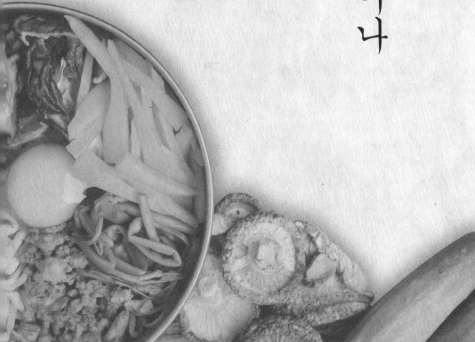

밥은 하루에 몇 번이나 먹었어요?

十三

옛날에는 하루 두 끼의 식사를 하였다. 일반 백성들이 점심을 먹게 된 것은 그렇게 오래전이 아니다.

누군가에게 이런 질문을 하면 무엇이라고 할까?

"하루에 식사를 몇 번 합니까?"

이 질문에 많은 사람들은 웃을 것이다. 오늘날 우리나라 사람들은 거의가 하루에 세 끼를 먹기 때문이다. 그러나 옛날에는 동양이건 서양이건 식사는 하루에 주로 두 끼를 먹었다. 오늘날도 히말라야 산맥의 고산지대에 사는 사람들은 하루에 두 끼 식사를 한다.

이슬람교를 믿는 북부 아프리카와 서남아시아나 인도 지역에서는 점심과 저녁이 식사의 중심이다. 우리나라에서는 아침과 저녁을 중심 식사로 하고 있다. 그리하여 다른 나라에서는 아침을 먹기 시작하면서 세 끼가 되었으나 우리나라는 점심이 새로 생겨 세 끼가 되었던 것이다.

점심은 원래 스님들이 배고플 때 간단히 먹는 음식을 이르는 말로, 마음을 점검한다는 뜻이다. 《칠경독》에서는 이른 아침이나 지금의 오전 11시에서 오후 1시 사이에 정신이 흩어졌을 때 마음을 새롭게 하기 위해 먹는 음식이라고 하였다.

우리나라 문헌 중 점심에 대해 언급한 최초의 문헌은 《삼국유사》이다.

《삼국유사》 1권 〈기이〉에 다음과 같은 기사가 있다.

무열왕은 대식하였고 성군의 시대를 열다(660)

왕은 하루에 쌀 서 말과 꿩 아홉 마리를 잡수셨는데 경신년 백제를 멸망시킨 후에는 점심은 그만두고 아침과 저녁만 하였다. 그래도 계산하여 보면 하루에 쌀이 여섯 말, 술이 여섯 말, 그리고 꿩이 열 마리였다. 성안의 시장 물가는 베 한 필에 벼가 30석 또는 50석이었으니 백성들은 성군의 시대라고 말을 하였다.

《삼국유사》 2권 〈기이〉 기사다.

신문왕이 만파식적을 얻다(693)

왕은 놀라고 기뻐하여 오색 비단과 금과 옥으로 보답하고 사자를 시켜 대나무를 베어서 바다에서 나오자, 산과 용은 갑자기 사라져 나타나지 않았다. 왕이 감은사에서 유숙하고, 17일에 기림사[1] 서쪽 냇가에 이르러 수레를 멈추고 점심을 먹었다. 태자 이공(훗날 효소왕)이 대궐을 지키고 있다가 이 소식을 듣고는 말을 달려와서 하례하고 천천히 살펴보고 말하기를, "이 옥대의 여러 쪽들이 모두 진짜 용입니다."라고 하였다. 왕이 말하기를, "네가 어떻게 그것을 아는가?"라고 하셨다. 태자가 아뢰기를, "쪽 하나를 떼어서 물에 넣어보면 아실 것입니다."라고 하였다. 이에 왼쪽의 둘째 쪽을 떼어 시냇물에 넣으니 곧 용이 되어 하늘로 올라가고, 그곳은 못이 되었다. 이로 인해 그 못을 용연龍淵으로 불렀다. 왕이 행차에서 돌아와 그 대나무로 피리를 만들어 월성의 천존고에 간직하였다. 이 피리를 불면 적병이 물러가고 병이 나으며, 가뭄에는 비가 오고 장마는 개며, 바람이 잦아지고 물결이 평온해졌다. 이를 만파식적萬波息笛으로 부르고 국보로 삼았다.

---

1) 경상북도 경주시 양북면 호암리 함월산에 있는 절이다. 633년(선덕여왕 2) 천축 승려 광유가 창건하여 임정사라고 했는데, 후에 원효가 중창하여 기림사로 개칭했다고 한다.

《삼국유사》 2권 〈기이〉의 또 다른 기사다.

노인이 수로부인에게 꽃을 바치다

성덕왕 때 순정공이 강릉으로 부임하는 길에 바닷가에서 점심을 먹었다. 그 곁에는 바위 봉우리가 병풍처럼 바다를 둘러 있고, 높이가 천 길이나 되고, 그 위에는 철쭉꽃이 활짝 피어 있었다. 공의 부인 수로가 그것을 보고 좌우 사람들에게 말하기를, "저 꽃을 꺾어다 줄 사람은 없는가?"라고 하였다. 그러나 종자들이 말하기를, "사람의 발길이 닿기 어려운 곳입니다."라고 하면서 모두 사양하였다. 그 곁으로 한 늙은이가 암소를 끌고 지나가다가 부인의 말을 듣고 그 꽃을 꺾어와 또한 가사를 지어 바쳤다. 그 늙은이는 어떤 사람인지 알 수 없었다.

점심을 먹는 대목이 나온다. 이로 미루어 삼국시대에도 점심을 먹었음을 알 수 있다. 불교가 전래된 것이 372년(고구려 소수림왕 2)이므로 이때 점심을 먹는 것도 함께 전파되었을 것이다. 하지만 점심을 먹을 수 있는 계층은 일부에 한정된 것으로 추정된다. 문헌에 나온 사람들이 태종무열왕과 신문왕과 같은 왕족, 관리로 부임하는 귀족 등 지배층인 것으로 짐작할 수 있다.

고려시대에 들어서도 점심은 일부 특권층인 지배층들이 먹었다. 전쟁 중 백성들이 어려울 때는 임금에게 올리는 반찬 숫자를 줄이기도 하였다. 《고려사》〈세가〉제24 고종 42년(1255) 9월의 기사를 보면 알 수 있다.

강화에 음식이 떨어지다

이달 섬 밖에서 들어오는 음식이 끊어지고 궁궐 안에 보관한 것도 고갈되어서 왕이 점심 반찬 숫자를 줄였다.

그런데 일반 백성들 중에도 점심을 먹는 경우가 있었다. 전쟁 중이거나 반란으로 군사를 동원할 때는 점심을 제공한 모양이다. 《고려사》〈열전〉제13에 다음과 같은 기사가 있다.

두경승이 조위총의 난을 진압하는 데 참전하다

서경유수 조위총이 반란을 일으켜 분도장군 박존위와 이언공 등을 사로잡았다. 이때 두경승이 창주를 수비하다가 향산동 통로역에서 서경의 군사를 만나 패퇴시켰다. 두경승이 무주의 객관에 도착해 점심을 먹는데 서경 군사 1000여 명이 갑자기 들이닥쳤다. 두경승이 객관의 문을 열자 서경 군사들이 다투어 들어왔고, 두경승이 한 명을 쏘아 그 자리에서 거꾸러뜨리니 서경 군사들이 패하여 달아났다.

그러나 여전히 점심은 귀족 등 지배층만이 누릴 수 있는 권리였다.

조선시대에 들어 점심은 지배층에게는 중요한 일과 중 하나였다. 하지만 나라에 가뭄이나 재앙이 들고 백성들의 생활이 어려움에 빠지면 점심을 생략하기도 했다. 《조선왕조실록》에 이와 관련된 기사가 여럿 보인다.
《태종실록》태종 17년(1417) 윤5월 5일 기사다.

각사各司의 점심을 그만두게 하였다. 호조에서 아뢰기를,
"때는 바야흐로 성농기盛農期인데 한 달이 되도록 비가 오지 아니하니 장래가 염려됩니다. 바라건대 각사의 관아에서 관원에게 끼니때 제공하던 식사인 선반宣飯과 점심을 그만두게 하소서."
하니, 임금이 말하기를,
"선반마저도 그만두게 할 수는 없다. 또 가뭄이 점심으로 인연하여 온 것도 아니다. 기갈飢渴로 인하여 음식 먹는 것은 곧 하늘의 마음이니, 어찌 굶주리고 재앙을 물리치는 도리가 있겠는가? 이것은 모두 정사의 실책에서 말미암은 것이다."

그러나 태종은 점심은 중지했지만 중앙 관청에서는 간단한 간식과 차를 마시는 선반은 중지시키지 못했다. 선반은 일종의 티타임Tea Time이다. 세종도 점심을 중지시킨 바 있다.

《세종실록》 세종 즉위년(1418) 9월 15일 기사에서 그 내용을 확인할 수 있다.

호조에서,

"흉년으로 말미암아 모든 용도가 부족하니 대궐 안에서 밥을 배푸는 것은 제외하고, 그 밖에 각사各司의 상직上直하는 사람들에게 밥을 주는 것과 때때로 술과 점심을 주는 것 및 지방에 새로 설치한 교도敎導에게 주는 것을 마땅히 모두 폐지하소서."

하니, 임금이 그대로 따랐다.

조선 후기에 삼정이 문란해지고 탐관오리의 횡포로 백성들의 생활은 몹시 어려워졌다. 이에 영조는 점심을 중지하라고 하교하였다.

《영조실록》 영조 10년(1734) 2월 4일 기사다.

주강晝講을 행하였다. 《예기》를 강하였는데 임금이 이르기를,

"《예기》에 이르기를, '천자는 한 번 먹고는 배부르다 하고, 제후는 두 번, 대부와 사는 세 번 먹고서 배부르다고 하지만, 자신의 힘으로 벌어먹고 사는 사람은 수없이 먹는다.'고 했는데, 자신의 힘으로 벌어먹고 사는 사람이란 농農·공工·상고商賈가 그것이다. 이런 것을 살펴보면 특별히 느낌이 있게 된다. 따라서 나의 경우는 점심을 먹지 않아도 된다. 그러나 농·공·상고의 부류들은 먹는 데 수가 없이 하여야 하는데도 근년 이래로 입에 풀칠하기가 어려운 형편이니, 백성의 부모가 된 처지에 있는 심사로 어찌 부끄러움이 없겠는가?"

하니, 시독관 윤득화가 말하기를,

"신의 고조인 해숭위는 일찍이 선조宣祖 때 직접 선조께서 태환을 진어하시면서 하교하기를, '이것이면 넉넉히 요기할 수가 있다.'고 하시는 것을 보았습니다. 이제 전하께서도 점심을 그만두라고 명하였으니 선왕先王의 검소한 덕을 본받았다고 할 수 있습니다."

하였다.

기록으로 살펴본 점심은 지배층을 중심으로 한 귀족들의 사치라고 할 수 있다. 일반 백성들에게는 한갓 그림의 떡일 뿐이었다. 일반 백성들이 점심을 먹은 것은 그렇게 오래된 일은 아

김홍도의 〈점심〉 (본 저작물은 공공누리 제1유형에
따라 국립중앙박물관의 공공저작물을 이용하였습니다.)

니다.

순조 때 실학자인 이규경은 해가 길어지기 시작하는 2월부터 8월까지 일곱 달 동안만 점심을 먹고, 해가 짧아지기 시작하는 9월부터 이듬해 정월까지 다섯 달 동안은 점심을 거르고 아침저녁 두 끼만 먹었다고 썼다. 곧 춘분은 점심을 먹기 시작하는 날이요, 추분은 점심을 거르기 시작하는 날이라 할 수 있다.

그러면 우리나라 사람들에게 세 끼 중 가장 중요한 식사는 무엇일까?

우리나라 사람들에게는 뭐니뭐니 해도 아침이 중요했다. 옛말에 "아침은 왕후장상처럼 먹어라."라는 말이 있듯이 아침을 많이 먹는 식사 문화이다. 필자가 어릴 때만 해도 오늘날 5인용 밥솥만 한 크기의 그릇에 고추장과 열무김치를 넣어 비벼 먹는 모습을 볼 수 있었다.

그렇다면 왜 이렇게 아침을 많이 먹어야 했을까?

중국·영국·미국·프랑스·인도네시아·홍콩 등은 저녁을 왕후장상처럼 잘 먹고, 이집트나 멕시코는 점심을 잘 먹는다고 한다. 우리나라는 예부터 벼농사가 주요 산업이다 보니 많은 노동이 필요했다.

1980년대까지 널리 사용하던 밥주발. 식생활이 개선되면서 오늘날은 밥의 양이 1/3로 줄었다.

더구나 농사철이 주로 더운 계절이어서 일하기 좋은 새벽 일찍부터 들에 나가서 일해야 했으므로 아침 식사를 중요하게 여겼고, 반면에 잠자리에 드는 저녁 식사는 아침보다 소홀히 취급했던 것이다. 그리고 옛날에는 오늘날처럼 전기가 없었기에 밤 시간의 활동이 많지 않았으므로 저녁 식사가 아침 식사보다 중요하지 않았을 것이다.

오늘날 많은 사람들이 아침은 빵과 우유로, 점심은 도시락으로, 저녁은 따뜻한 찌개와 밥으로 식사를 하고 있다. 이것은 옛날 우리 조상의 식사 패턴과는 정반대이다. 그러므로 모든 문화는 시대와 상황에 따라 변한다는 사실을 알 수 있다.

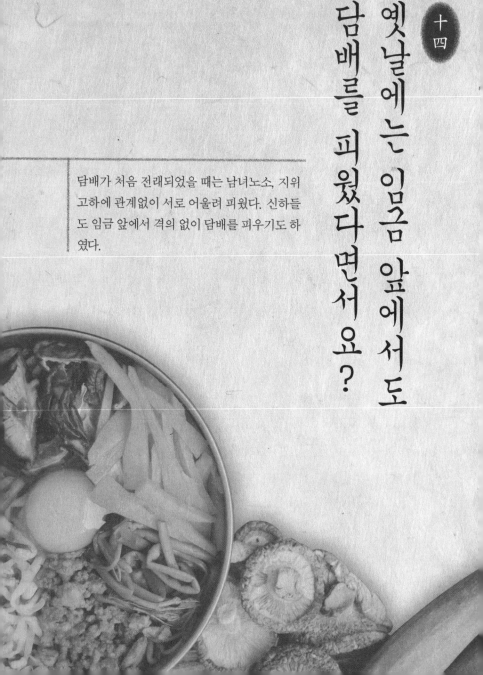

十四

담배를 피웠다면서요?

옛날에는 임금 앞에서도

담배가 처음 전래되었을 때는 남녀노소, 지위 고하에 관계없이 서로 어울려 피웠다. 신하들 도 임금 앞에서 격의 없이 담배를 피우기도 하 였다.

담배가 우리나라에 전해진 것은 두 가지 경로이다. 하나는 남아메리카의 브라질을 식민 지배하던 포르투갈 사람들이 조총술을 가르치기 위하여 일본에 왔다가 임진왜란 중에 우리나라에 건너와 전해졌거나, 다른 하나는 명나라와 무역을 하던 상인들에 의해 전해졌을 것으로 추측된다. 당시에는 담파고 또는 담바고로 불렸는데 경상도 지방에는 〈담바고타령〉이라는 민요가 오늘날까지 전해진다.

시작일세 시작일세 담바귀타령이 시작일세
귀야귀야 담바귀야 동래나 울산의 담바귀야

너의 국은 어떻길래 대한의 국으로 뭣 하러 왔니
우리 국도 좋거니와 대한의 국으로 유람을 왔네

은을 주려 나왔느냐 금이나 줄려고 나왔느냐
은도 없고 금도 없고 담바귀 씨를 가지고 왔네
저기저기 저 산 밑에 담바귀 씨를 솔솔 뿌려
낮이면은 태양 받고 밤이면은 찬 이슬 맞어

겉에 겉잎 다 제쳐놓고 속에나 속잎을 잘 길러서
네모 번듯 드는 칼로 어슷비슷이 썰어놓고
총각의 쌈지도 한 쌈지요 처녀의 쌈지도 한 쌈지라

소상반죽 열두 마디 수복을 새겨서 맞춰놓고
청동화로 백탄불을 이글이글이 피워놓고
담바귀 한 대 먹고 나니 목구멍 속에 실안개 돈다

또 한 대를 먹고 나니 청룡황룡이 꿈틀어졌다
길러 가세 길러 가세 덤불 밑으로 길러 가세
똬리 벗어 손목에 걸고 등이는 내려 옆에다 끼고

물 한 박을 뜨고 나니 어느 망나니 날 찾는가
춘아춘아 옥동춘아 냉수나 한 잔 주려무나
언제 보던 친구라고 냉수나 한 잔 달라느냐

지금 보면 초면이요 이따가 보면 구면이라
저기 가는 저 할머니 딸이나 있거든 사위나 삼지
딸은 하나 있건마는 나이가 어려서 못 주겠네

여보 어머니 그 말씀 마오 체비가 작아도 강남 가오
여보 어머니 그 말씀 마오 참새가 작아도 알만 까오
여보 어머니 그 말씀 마오 생전에 외손자 놓소

〈담바고타령〉은 조선 후기 고종 때 가사가 개사된 것이다.
그중에 처녀가 담배를 피우고 바람난 대목인 "물 한 박을 뜨고 나
니 어느 망나니 날 찾는가 / 춘아춘아 옥동춘아 냉수나 한 잔 주
려무나 / 언제 보던 친구라고 냉수나 한 잔 달라느냐"라는 대목
을 보면 어린 나이의 여성들 사이에 흡연이 퍼졌음을 알 수 있다.
　우리나라에서 담배를 다룬 최초의 문헌은 《지봉유설》이다.
　오늘날과 달리 담배가 처음 전해졌을 때는 남녀노소, 지위고
하에 관계없이 서로 어울려 피웠다. 오늘날처럼 웃어른 앞에서

김홍도의 〈담배썰기〉 (본 저작물은 공공누리 제1유형
에 따라 국립중앙박물관의 공공저작물을 이용하였습니다.)

담배를 피우지 못하게 된 것은 조선 광해군 때이다. 광해군이 조회를 할 때 신하가 담배를 피우고 있는 것을 보고는 "연기가 맵습니다. 앞으로 내 앞에서는 절대 담배를 피우지 않도록 하십시오."라고 싫은 소리를 한 후부터이다. 그 후부터 지위가 높거나 연령이 많은 사람 앞에서 담배를 피우지 않는 관습이 생겨났다. 정조는 담배를 매우 사랑하여 담배를 예찬하는 시를 지었을 정도였다.

더울 때 피우면 더위가 물러가고
추울 때 피우면 추위를 막아주고
식사 후에 피우면 소화를 도와주고
잠이 오지 않을 때 피우면 잠이 오며
화장실에서 피우면 냄새를 없애주누나

담배 애호가로는 정조 때의 문인 이옥이 유명하다. 이옥은 늦은 나이인 30세를 전후하여 성균관 유생으로 활동하다가 과거시험에 합격하였다. 그러나 소설문체를 썼기에 과거에 불합격하는 '문체반정'의 해당자였다. 1796년(정조 20)에 별시 초시에 장원급제를 하였다가 역시 문체가 문제되어 합격자 중 꼴찌인 방말이 되었다. 결국 과거시험을 포기한 이옥은 본가인 경기도 남양에 머물며 글쓰기에 몰두하면서 애연가가 되었다. 아마도 과거시험에 대한 원망이 담배로 이어지지 않았나 생각된다. 그의 대표적인 책 제목을 '담배의 경전'을 뜻하는 《연경煙經》으로 지을 정도로 애연가였다. 그와 담배에 얽힌 에피소드도 전해온다.

그가 전북 완주에 있는 송광사를 찾았다. 담배 생각이 난 이옥은 대웅전 안에서 담배를 피웠다. 그러자 주지스님이 말했다.

"신성한 대웅전에서 담배를 피우시면 안 됩니다."

주지스님의 말에 이옥은 대답했다.

"부처님께 늘 향로에 향을 꽂아 연기를 올리지 않습니까? 향의 연기나 담배 연기나 매한가지가 아닙니까?"

주지스님은 하도 기가 막혀 더 이상 말을 잇지 못했다고 한다. 이옥은 저서 《연경》에서 '담배 피우는 예절'까지 언급하였다.

입술로 가볍게 빨았다 뱉었다 하는 담배는 안 된다.

어린이가 젖 빨듯 해서도, 물고기가 물거품을 뿜어내듯 해서
도 안 된다.

오늘날의 '뻐끔 담배'를 해서는 안 된다는 것이다. 곧 담배를 깊
이 들이마시라는 것이다. 당시 담배는 궁녀들이 소일거리로 피우
는 것을 인정할 정도로 널리 애용되었다. 특히 여자 흡연자 수가
남자들의 수를 웃돌았다고 한다. 또한 옛날 양반 마님들의 나들
이에는 반드시 담뱃대와 담배쌈지를 든 연비煙婢가 뒤따랐다.
  삼강오륜의 도덕률에 매여 살았던 옛 여인들에게 담배는 스트
레스를 푸는 기호품인 듯싶다.

담배가 처음 전래되었을 때는 거의가 밀수품이었으며 값도 엄
청나게 비쌌다. 《비변
사등록》에 "무게로 쳐
서 은값과 같았다."라
고 했으니 담배가 얼
마나 귀하고 비쌌는지
알 수 있다. 담배를 밀
수하다가 중국 관헌에
적발되어 고초를 겪기

신윤복의 〈봄소풍〉. 담뱃대를 문 여인이 있다. (본 저작물
은 공공누리 제1유형에 따라 국립중앙박물관의 공공저작물을 이용
하였습니다.)

도 했으며, 나라에서도 밀수를 엄히 다스렸다.

《인조실록》인조 16년(1638) 8월 4일의 기사를 보자.

우리나라 사람이 몰래 담배를 심양에 들여보냈다가 청나라 장수에게 발각되어 크게 힐책을 당하였다. 담배는 일본에서 생산되는 풀인데 그 잎이 큰 것은 7~8촌쯤 된다. 가늘게 썰어 대나무 통에 담거나 혹은 은이나 주석으로 통을 만들어 담아서 불을 붙여 빨아들이는데, 맛은 쓰고 맵다. 가래를 치료하고 소화를 시킨다고 하는데 오래 피우면 가끔 간의 기운을 손상시켜 눈을 어둡게 한다. 이 풀은 광해 8년(1616) 연간부터 바다를 건너 들어와 피우는 자가 있었으나 많지 않았는데, 광해 13년(1621) 이래로는 피우지 않는 사람이 없어 손님을 대하면 번번이 차와 술을 담배로 대신하기 때문에 혹은 연다煙茶라고 하고 혹은 연주煙酒라고도 하였고, 심지어는 종자를 받아서 서로 교역까지 하였다. 오래 피운 자가 유해무익한 것을 알고 끊으려고 하여도 끝내 끊지 못하니 세상에서 요망한 풀이라고 일컬었다. 심양으로 굴러 들어가자 심양 사람들도 또한 매우 좋아하였는데, 오랑캐 한汗은 토산물이 아니라서 재물을 소모시킨다고 하여 명령을 내려 엄금했다고 한다.

그러나 담뱃값이 엄청나게 비쌌으므로 밀수는 계속되었다. 이에 담배 밀수를 하다가 적발되면 목숨까지도 내놓아야 했다.

《인조실록》 인조 18년(1640) 4월 19일 기사를 보면 그 사실을 알 수 있다.

빈객 이행원이 치계하기를,

"청나라에서 담배를 금함이 요즈음 더욱 심하고 조정의 사목事目 역시 몹시 엄준합니다. 그런데 이익을 탐하여 목숨을 걸고 온갖 방법으로 숨겨 가지고 가서 나라를 욕되게 합니다. 지금 이후로는 금법을 범하는 자를, 1근斤 이상은 먼저 참수한 다음에 아뢰게 하고 1근 미만인 자는 의주에 가두고서 경중에 따라 죄를 주게 하소서."

하니, 상이 따랐다.

담뱃값이 비싸고 귀하다 보니 뇌물로도 이용했다. 주로 매관매직을 하거나 중국으로 사신으로 갈 때 이용되었다.

《숙종실록》 숙종 3년(1677) 12월 4일 기사에서 그 사실을 확인할 수 있다.

처음에 무인武人 서치가 관직을 구하여 담배 1태駄를 이조판서 민점의 사위에게 뇌물로 주고 감찰에 제수될 수 있었다. 집의 안여석이 금을 주고 관직을 구하였다고 상고하여 벼슬아치 명부에서 삭제시키도록 청하였는데, 네 번을 아뢰어서 윤허를 받았다. 그러나 얼마 후에 사실과 다르다는 것을 듣고 인피引避하여 체직遞職되었다.

1태는 말 한 마리에 담배를 실을 수 있는 양이므로 그 양이 엄청났으며, 은으로 치면 수만 냥에 해당할 것이다. 또한《통문관지》에 "외국으로 가는 사신들이 노잣돈 대신 담배를 가지고 갔다."라는 기록으로 보아 담배를 다양하게 이용하였음을 알 수 있다.

《정조실록》정조 14년(1790) 5월 22일 기사에는 담배 때문에 제상인 채제공이 정승 자리를 그만두려고 한 일화를 기록하고 있다.

채제공은 오늘날의 비서관격인 권두와 함께 돈의문(서대문)을 지나가고 있었다. 웃옷도 제대로 입지 않은 두 사람이 서로 팔을 끼고 가마 옆에 서 있었다. 얼굴을 부채로 절반쯤 가린 사람과 담뱃대를 꼬나문 사람의 모습이 꼴 보기 싫었다. 이에 권두가 타일렀다.

"여보게 젊은이들, 담뱃대 좀 거두시게. 지금 정승 대감이 지나가고 계시네."

이에 담뱃대를 물고 있는 젊은이의 표정이 일그러지며 덤벼들 듯이 말했다.

"정승, 정승이 뭔데 담뱃대를 저 사람을 보고 뺀단 말이요?"

젊은이의 갑작스러운 공격에 채제공은 당황하였다. 젊은이의 말에 권두는 뒤따르던 하인들에게 명령했다.

"저놈들을 잡아 하옥하라!"

권두의 명령에 하인들은 두 사람을 잡아 전옥서로 넘겼다. 전 옥서는 두 사람의 신원을 조사하였다. 한 사람은 돈령부참봉 김 세근의 아들인 김병성이고, 또 한 사람은 동부봉사 김이의의 아 들인 김관순이었다. 채제공에게 결례를 범한 젊은이는 김관순이 었다. 채제공의 생각은 옥에서 하루 정도 반성을 하게 할 참이었 다. 하지만 중부학당의 학생 수십 명이 3경쯤(밤 11시~새벽 1시 사 이) 전옥서 앞으로 몰려들었다. 이들은 옥문을 때려 부술 기세였 다. 이에 문지기가 말했다.

"이들은 유교의 예를 어긴 패악한 자들이요."

그러자 학생들은 더욱 소리를 고래고래 질렀다.

"만약 두 사람을 석방하지 않으면 가만있지 않겠다."

"우리가 옥문을 부수고 두 사람을 구할 것이다."

이 소식은 금세 채제공에게 전해졌다. 채제공이 두 사람을 형조에 넘기자 학생들은 채제공을 모함하는 사발통문을 돌렸다. 채제공은 화가 머리끝까지 나서 정식으로 형조에 고발하여 엄히 다스리고자 하였다. 이때 김병성의 아버지인 김세근이 채제공을 찾아와 아들을 잘못 키운 자신의 잘못이라며 빌었다. 나아가 여러 하인들이 보는 앞에서 김병성의 볼기를 내리치며 잘못됨을 알렸다. 사실 김병성은 부채로 얼굴을 가렸을 뿐인데 엄히 다스리니 채제공도 김병성의 죄를 용서하였다. 3일 뒤에는 채제공에게 직접 결례를 한 김관순의 할아버지가 사람을 통해 사죄의 편지를 보내왔다. 채제공은 할아버지가 손자의 잘못됨을 사죄하니 김관순의 죄를 할아버지가 다스리도록 하면서 용서하였다.

하지만 이번에는 채제공을 비난하는 상소가 계속 올라왔다. 채제공은 정조에게 벼슬을 사직하는 상소를 올렸다.

신이 의정부에 있은 지 3년에 온갖 후회가 겹쳐 쌓였습니다. 이를 요약하여 세어보면 그 죄가 세 가지 있습니다. 전하를 보좌하는 책임을 염치를 무릅쓰고 받는 이런 도리는 단연코 없는 것인데도 망령되이 스스로 자신을 내세우지 않는 의의에 따라 구물구물 조정에 나아가고 태연하게 벼슬살이를 하였으니, 이것이 신의 첫째 죄입니다. 신은 임명받은 이래 우러러 임금을 믿고 그 덕으로 생을 부지해왔지만 자신을 돌아보면 우익도 없는 외톨이 신세로서 처신에 있어서는 자기 격식을 고치지 않고, 나쁜 것을 미워함에는 분수를 낮추지 않았습니다. 그러다 보니 겨울 나뭇잎이 서리를 맞는 것을 당장 보게 되었습니다. 이처럼 제 몸도 제대로 보살피지 못하는 주제에 나라를 유지해 나가는 것을 어떻게 할 수 있겠습니까. 이것이 신의 둘째 죄입니다. 신이 요즈음 혹은 차자로 혹은 주달로 분수에 맞지 않는 직책을 해임해줄 것을 청해왔습니다. 신이 언제인들 기회를 엿보지 않았겠습니까마는 잘하지 못한 일은 하루속히 떠나지 못한 것입니다. 이것이 셋째 죄입니다.

채제공 초상화(수원화성박물관)

정조는 채제공을 달래며 붙잡으려 했지만 그는 뿌리치고 귀향하였다.

이에 정조는 주동자 이위호를 종신토록 과거를 못 보게 하고, 추종자들인 유학幼學 조학원·윤선양·원재형·원재행 등 네 명의 유생은 10년 동안 과거를 보지 못하게 하였다. 오늘날 중고등학생들의 잘못된 행동을 바로잡으려는 어른들에게 반항하는 세태와 똑같다. 옛날이나 오늘날이나 불량 학생들은 있었던 모양이다.

요즈음 건강에 대한 관심이 높아지면서 금연에 대한 관심도 높아졌다. 대기업에서는 금연을 하는 사원에게는 인센티브를 부여하여 승진에 가산점을 준다든지, 건물 내에서는 금연 구역을 확산하여 담배를 피우지 못하게 하는 지역이 점차 넓어지고 있다.

하지만 청소년 계층에서는 흡연 인구가 계속 늘어가고 있다. 특히 여학생들의 흡연이 늘어가는 것은 매우 걱정스럽다.

금연 지역의 확산은 우리 사회에 금연령을 내린 것이나 다름 없다고 하겠다. 이러한 금연령을 옛날에도 내렸을까?

처음 담배가 들어왔을 때는 의약품으로 많이 사용되어 크게 단속하지 않았다. 기생충 때문에 복통이 심할 때 담배를 피워 진정시키고, 치통이 있을 때 담배 연기를 입안에 품어 진정시키며, 곤충에 물렸을 때

담뱃잎

담뱃재를 물에 개어 바르기도 하였다. 또한 담(痰)을 치료하는 데 효과가 크다고 하였다. 이에 담배 피우는 풍습이 상하 계급을 막론하고 널리 퍼지게 되었다. 그러나 그만큼 부작용도 많이 나타나자 나라에서는 금연령을 내렸다.

처음으로 금연령을 내린 것은 인조 때였다. 담뱃불 때문에 화재가 자주 발생하자 나라 전체에 금연령을 내려 담배를 피우지 못하게 한 것이다. 조선시대에는 초가집이 대부분이었다. 건조한 봄철에 초가집에 불이 한번 나면 마을 전체가 잿더미가 되는 것이 당시의 현실이었다. 요즈음에도 담배 때문에 산불이 종종 일어난다.

그다음으로 금연령을 내린 것은 숙종 때였다. 군인들이 야간에 보초를 나가서 담배를 피웠는데 이는 곧 적에게 아군의 위치를 알려주는 꼴이었다. 이에 군인들에게 금연령을 내렸다.

정조 때는 관리들이 담배와 술 때문에 백성들의 생활이 어려움에 빠지고 나라가 어지럽다고 하여 금연을 주장하였으나, 담배를 워낙 좋아하는 정조였기에 금주령만 내렸다.

1907년에 일본에 진 빚을 갚기 위해 국채보상운동을 전개했을 때도 금연을 권하였다. 여자들은 비녀와 가락지 등을 내놓았으며, 남자들은 금연과 금주를 통하여 나라 빚을 갚는 데 앞장섰다. 그러나 이때의 금연은 나라에서 시킨 것이 아닌 김광제와

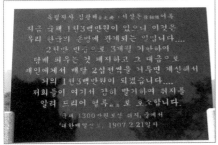

국채보상운동 어록비(독립기념관)

국채보상운동 기념비
(대구 국채보상기념관 제공)

서상돈이 대구에서 조직한 국채보상기성회의 권장사항이었다.
국채보상운동에 많은 사람들이 참여했으나 통감부의 방해로 실
패했다.

금연령과 함께 담배 재배를 금하기도 하였다. 담배를 재배하
다 보니 보리나 밀의 재배, 영조 이후에 구황작물로 재배하던 고
구마나 감자의 재배 면적이 줄어들게 되었다. 이에 '담배재배금
지령'을 내린 것이다. 《정조실록》 정조 21년(1797) 7월 8일 기사
에서 그 내용을 살필 수 있다.

차대次對를 행하였다. 정조가 사복시제조 이병모에게 물
었다.

"담배를 심은 밭에 모두 곡식을 심게 하면 몇 만 섬을 얻을

수 있을 것이다."

이병모가 답했다.

"기름진 토지에 다 담배를 심었는데 서로西路가 더욱 심하니, 이것이 가장 애석합니다."

정조가 말했다.

"일체 금지시킬 수는 없는가?"

이병모가 아뢰었다.

"담배를 금지하는 것은 술을 금지하는 것과는 다르니, 만일 금지하려 하면 어려울 바가 없을 듯합니다."

곧 곡식을 심어야 할 땅에 담배를 널리 재배하므로 이를 막기 위한 대책을 협의하다가 금지령을 내리게 되었던 것이다.

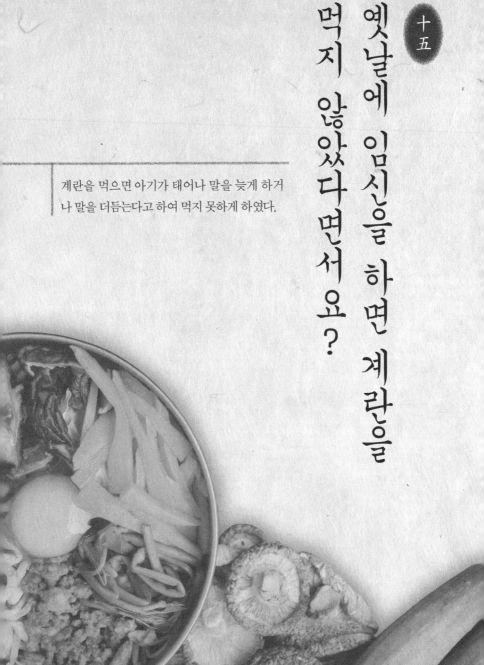

옛날에 임신을 하면 계란을
먹지 않았다면서요?

계란을 먹으면 아기가 태어나 말을 늦게 하거
나 말을 더듬는다고 하여 먹지 못하게 하였다.

일상적인 식생활에서 금기하는 음식은 없다. 혹시 한약을 먹을 경우에는 한약의 성분이 그냥 몸 밖으로 배출되는 것을 막기 위해 무라든지 돼지고기를 삼가는 정도이다.

　임신을 하면 태아와 임신부의 건강을 위해 음식도 골고루 먹고 한약을 지어 먹기도 한다. 하지만 임신을 하면 금기하는 음식이 있었다. 감자의 푸른 부분이나 참외·계란 등을 먹으면 '무'가 나온다고 하여 금기하였다. 무는 지역에 따라 '미'라고도 하는데, 뼈의 한 부분이 곪고 살 속에서 뼈 또는 뼈같이 탄탄한 군살이 솟아 나오는 병을 말한다. 더구나 계란을 먹으면 아기가 태어나 말을 늦게 하거나 말을 더듬는다고 하여 먹지 못하게 하였다. 이 밖에 무가 나온다고 생각한 음식으로는 닭 물렁뼈와 조기 뼈도 있었다.

닭고기 먹는 것도 삼갔다. 닭고기를 먹으면 어린아이의 살이 닭살이 된다고 여겼다. 게도 먹지 않았는데, 게를 먹으면 어린아이의 발이 게발처럼 길쭉해져 보기가 흉하다고 생각하였기 때문이다.

조선시대의 임신부가 금해야 할 음식은 더 있다. 개고기를 먹으면 아이가 앙알거리며, 자라를 먹으면 목이 짧은 아기를 낳는다고 하였다. 밀가루를 먹으면 소화가 안 되고 태아가 밀가루를 뒤집어쓴다는 이치에 맞지 않는 이야기도 있다. 버섯을 먹으면 아기가 튼튼하지 못하여 일찍 죽으며, 잉어를 먹으면 딸을 낳고, 흰죽을 먹으면 아기가 태어날 때 흰 보를 쓰고 나온다고 여겼다.

그러나 임신부가 건강해야 뱃속의 아기도 건강한 법이다. 옛날에 이처럼 금기 음식을 많이 정해놓은 것은 질병을 치료하는 기술이 부족하였기 때문에 장애를 갖고 태어나거나 질병 자체를 예방하려는 의도였을 것이다. 의학이 발달한 오늘날은 임신부의 건강이 곧 태아의 건강과 직접적으로 관련이 있으므로 가급적 삼가야 할 약이나 담배를 제외하고는 잘 먹어야 한다는 것이 상식이다.

역사에서 임신 및 음식과 관련된 가장 대표적인 사건은 명성

명성황후 초상화

황후와 흥선대원군의 대립이었다. 고종은 15세에 16세의 명성황후와 국혼을 거행하였다. 그러나 혼인 초 명성황후의 생활은 몹시 고독하였다. 고종이 명성황후보다는 편하면서도 여성스러운 이상궁만을 찾았기 때문이다. 명성황후는 겉으로 드러내지 않은 채 학문에 힘썼다. 앞으로 조선에 닥쳐올 외세의 침략을 물리칠 방법을 찾고자 정치와 외교에 관련한 책들을 읽었다. 하지만 명성황후를 대하는 흥선대원군의 태도는 그녀의 마음을 아프게 하였다.

"투기가 심하다! 자식을 생산하지 못할 것 같네."

흥선대원군의 말은 명성황후에게 큰 상처가 되었다. 명성황후의 마음을 더욱 아프게 한 것은 궁인 이씨가 왕자를 생산한 것이었다. 이때부터 흥선대원군의 편애는 더욱 심해졌다. 갓 태어난 왕자를 완화군으로 봉하면서, 생모인 궁인 이씨에게는 '영보당'이라는 칭호와 숙원의 직위를 내렸다. 하지만 명성황후는 섭섭

함을 드러내지 않은 채 완화군을 아껴주었다. 이에 감동을 받은 고종이 명성황후의 처소를 찾기 시작했다.

두 사람이 노력한 결과 명성황후는 1872년(고종 9) 1월에 회임을 하였다. 내심 완화군을 세자로 삼으려던 숙원 이씨의 기대가 수포로 돌아가는 순간이었다. 흥선대원군도 고종을 대신해 수렴청정을 해오던 터라 권좌에서 물러날 수도 있다는 불안감에 휩싸였다.

흥선대원군은 회임 축하 선물로 산삼을 준비하여 명성황후의 거처인 교태전으로 갔다.

"아바마마, 늦은 시간에 어인 일이신지요?"

흥선대원군은 산삼을 내놓으며 말했다.

"중전이 건강해야 태아도 건강할 것 아닙니까? 산삼을 드시고 건강을 유지하기 바랍니다."

명성황후는 시아버지가 주는 선물이니 거절할 수 없었다. 명성황후는 찜찜한 마음이었지만 임신 기간 동안 산삼을 달여 먹었다.

10개월 가까이 흘러 드디어 출산일인 11월 4일이 되었다. 명성황후의 진통이 시작되고 드디어 원자가 태어났다. 궁궐은 기쁨으로 들떴다.

그러나 기쁨도 잠시뿐, 원자는 항문이 막힌 쇄항증을 안고 태어났다. 당시로는 고칠 수 없는 난치병이었다. 고종은 승지에게 원자의 병을 고칠 수 있는 사람을 찾도록 하였다. 이때 조영하가 기쁜 소식을 전해왔다.

"청나라나 왜에 와 있는 양의를 통하면 원자의 병은 나을 수 있다 합니다."

고종은 당장 그들을 초청하도록 하였으나 홍선대원군이 반대하고 나섰다.

"어찌 원자의 몸에 양이들 같은 천박한 놈들이 칼을 댈 수 있느냐?"

결국 홍선대원군의 반대로 수술은 취소되었고, 산삼과 여러 희귀한 약재를 달인 물을 마시도록 했다. 수술 이외의 치료법은 무의미했다. 결국 원자는 명성황후의 가슴에 대못을 박은 채 11월 8일 세상을 떠났다. 명성황후는 원자의 쇄항증이 산삼 탓으로 생각했고, 수술을 못하게 한 시아버지 홍선대원군에 대한 원망이 커졌다.

명성황후의 원망이 더욱 커지게 된 것은 홍선대원군의 태도였다. 그는 완화군으로 하여금 아들을 잃어 슬픔에 빠진 명성황후를 찾아 위로하도록 했다. 그것이 명성황후를 더욱 치떨게 하였고, 두 사람은 1895년 을미사변으로 명성황후가 세상을 뜨기까지 철천지원수가 되었다. 며느리 사랑은 시아버지라고 했는데……. 이 두 사람의 관계가 한반도가 열강의 침략터가 되는 계기가 되었다고 할 수 있으며, 이는 결국 1910년 일본에게 국권을 강탈당하는 비극으로 이어지게 되었던 것이다.

수박을 처음에는 먹지 않았다면서요?

수박과 딸기, 호두나무, 귤은 언제 우리나라에 들어왔을까? 수박은 고려시대에 원나라에서 들어왔는데 친원파에 의해 전해졌기 때문에 먹지 않았다고 한다. 딸기는 1900년대 초에 들어왔으며 호두나무는 통일신라시대에, 귤은 삼국시대에 전래된 듯하다.

수박

수박은 아프리카가 원산지로 고대 이집트에서도 재배했다. 중국에는 900년경에 전래되었고 우리나라에는 고려시대에 전래된 것으로 보인다. 조선시대 허균이 지은 《도문대작》에는 수박을 서과西瓜라고 하였는데, 고려를 배신하고 원나라의 사관仕官이 되어 고려 사람들을 괴롭힌 홍다구가 처음으로 개성에 수박을 심었다고 한다. 옛날에는 이렇게 '나라를 팔아먹은 놈'이 들여온 과일이라 '재수없다' 하여 인기가 없었다고 한다.

그런데 송나라 사람인 서긍이 쓴 《선화봉사고려도경》에 따르면 1123년에 고려에 이미 수박이 있었다고 하니 홍다구 이전에 수박이 전래되었음을 알 수 있다.

　조선시대에는 수박을 귀한 과일로 여겼다. 《조선왕조실록》에 따르면, 세종 5년(1423)에 환자 한문직이 주방을 맡으면서 수박을 도둑질하여 곤장 100대를 맞고 영해로 귀향을 갔고, 세조 3년(1457)에 왕이 강원도관찰사 김광수에게 명령하기를, 단종 노산군이 있는 영월 청령포에 사철 과일과 수박이나 참외를 준비하여 바치라고 하였다. 연산군 11년(1505)에는 명나라로 사신을 가는 길에 수박을 비롯한 많은 과일을 사가지고 오라는 명령을 내리기도 하였다. 이로써 조선시대 임금을 비롯한 지배층들은 수박을 많이 좋아했다고 짐작할 수 있다.

딸기

　석기시대부터 남아메리카 산간 지역 일부에서 야생딸기가 자연적으로 성장하여 인디언들이 먹던 것이 에스파냐가 남아메리카를 점령하면서 유럽에 식용으로 전해졌다. 14세기경 유럽에서는 딸기를 '황후의 과일'이라 칭하면서 성스럽게 생각하였고 식용보다는 약용과 관상용으로 쓰였다.

　우리나라에서 딸기를 처음 먹은 사람은 미국으로 유학 갔던 윤치호였다. 그가 쓴 《윤치호일기》에서 1890년(고종 27) 5월 3일(음력 3월 15일) 토요일의 내용을 보자.

오전 9시부터 3시 30분까지 교회사 기말시험을 치렀다.

오늘 저녁 성경공부 모임에는 겨우 아홉 명의 학생만 참석하였다. 로스가 모임을 인도하였다. 기대하지 않았는데 좋았다. 발표된 경험담들이 모두 재미있어서가 아니라 진실했기 때문이다. 로스가 말하기를, 내슈빌에서 으뜸가는 감리교회인 웨스트엔드 교회가 성경공부 모임을 갖지 않는 것이 유감스럽다고 한다. 설교보다도 성실한 성경공부 모임에서 더 좋은 것을 얻는다고 말하면서, 자기는 실제 목회에 들어가면 교회에서 정기적으로 성경공부 모임을 가질 계획이라고 밝혔다.

8시 30분 브루스와 조던과 함께 호스 박사 댁에 가서 즐거운 시간을 가졌다. 오글리 양이 자리를 함께하였다. 호스 박사는 조금 늦게 귀가하여 우리와 합류하였고, 밴훅과 홀리도 함께 있었다. 우리는 11시 30분까지 자리를 뜨지 않았다. 나는 딸기와 케이크를 즐기며 많이 먹었다. 그러나 호스 여사가 함께한 것이 더더욱 좋았다.

그러므로 1890년 이전의 기록에서 보이지 않는 것으로 보아 우리나라에는 일본인들에 의해 1900년대 초에 전래된 것으로 생각된다. 딸기는 온도가 낮거나 높거나 관계없이 적도 부근의 해안에서 북극 가까운 지역까지 분포되어 있다. 바로 먹으려고 심는 것과 주스를 만들려고 심는 것이 있는데, 우리나라에서는 먹는 것을 주로 심고 있다.

인천광역시 강화군에 딸기에 관한 설화가 전해오고 있다.

옛날 옛적에 늙은 어머니와 아들이 깊은 산속에서 산나물을 채취하며 살고 있었다. 어머니가 산나물을 캐던 중 근처 딸기 덤불에 넘어져 뱀에게 물렸다. 몇 달째 병석에 누워 밥을 먹지 못하고 나날이 병환이 깊어지니, 아들은 걱정이 태산 같았다. 어느 날 어머니는 아들에게 말했다.

"얘야, 딸기가 몹시 먹고 싶구나."

"예, 알겠습니다. 어머니!"

효자는 대답을 했지만 때가 겨울인지라 딸기를 어떻게 구할까 걱정이 되었다. 하는 수 없이 효자는 뒷동산 딸기가 많이 열리는 곳에 가서 기도를 했다.

"신이시여! 저의 소원을 들어주시옵소서. 지금 저의 어머니께서 딸기를 몹시 먹고 싶어 하십니다. 저에게 딸기를 내려주시옵소서."

효자가 기도를 시작한 지 7일째가 되자 하늘도 감동을 하였는지 춥고 눈이 쌓인 산에 딸기가 열렸다.

현대사에서도 딸기와 얽힌 역사가 있다. 2016년 6월 6일자《중도일보》에 딸기와 얽힌 기사를 볼 수 있다.

전남 고흥 출신의 프로 복서 유제두 선수는 1975년 6월 7일 일본에서 챔피언인 일본인 와지마 고이치를 KO로 이기고 WBA 주니어미들급 타이틀을 거머쥐었다. 우리나라에서는 김기수 선수, 홍수환 선수에 이어 세 번째 세계 챔피언의 탄생이었으므로 톱뉴스로 다루었으며, 유제두는 일약 영웅이 되었다. 유제두는 이듬해인 1976년 2월 17일 2차 방어전에서 와지마 고이치와 다시 맞붙었는데 어찌 된 일인지 전혀 힘을 쓰지 못한 채 15회 KO로 패하면서 타이틀을 넘겨주었다. 유제두는 그날 약물 중독 때문에 패했다고 억울함을 나타냈다. 사연인즉, 호남 출신이었던 유제두가 1971년 동양챔피언 시절 호남 출신 야당 지도자인 김대중 신민당 대통령 후보에게 처음 인사를 간 후 매년 명절 때마다 찾아갔는데, 이것이 당시 정권의 심기를 건드렸던 것이다. 중앙정보부(지금의 국가정보원의 전신)가 타이틀매치 전에 딸기에 약을 넣었고, 그것을 먹은 유제두는 후유증으로 경기에 졌다고 한다.

호두나무

호두나무의 원산지는 지금의 이란으로 알려져 있으며, 두 방향으로 전파되어 나간 것으로 생각된다. 한 방향은 이탈리아·독일·프랑스, 영국 등을 거쳐 미국 캘리포니아에 이르렀고, 다른 한

방향은 동남아시아를 지나 중국을 거쳐 우리나라로 들어와 일본으로 건너간 것으로 보인다.

신라시대 서원경(지금의 청주) 4개 촌의 민정 문서인《신라향촌장적》2)에 호두나무 등의 나무 수가 3년 동안 늘고 줄어든 변동이 기록되어 있는 것으로 미루어, 신라에서 당나라를 오고 가던 사신이나 무역상, 유학생에 의하여 전해진 것으로 생각된다.

우리나라에서 호두나무를 처음 심은 곳은 천안시 광덕면 광덕사로 알려져 있다. 이곳에 있는 호두나무는 천연기념물 제398호로 수령 400년가량, 높이 18.2m에 이른다. 1290년(충렬왕 16) 영밀공 유청신이 충렬왕을 따라 원나라에 갔다가 귀국하면서 호두나무 열매와 어린 가지를 가져와, 어린 나무는 광덕사에 심고 열매는 고향집에 심었다고 한다.

유청신의 본명은 '비庇'인데 원나라 황제가 '청신淸臣'이란 이름을 내리면서 죽을 때까지 그 이름으로 살았다. 그는 전형적인 매국노였다. 원나라 황제에 빌붙어 원나라에 살던 고려인들과 함께 심왕 고暠를 고려의 왕으로 삼으려다가 실패했다. 이것도 모자라 그는 오잠이라는 매국노와 함께 고려를 원나라 땅으로 만

---

2) 일명《신라장적》또는《정창원문서》, 1933년 일본 동대사 정창원에 소장된 13매의 경전 중 파손된《화엄경론》의 책을 수리할 때 발견되었다.

들려는 '입성책동立省策動'을 벌이기도 했다. 입성책동은 고려를 원나라의 지방제도에 불과한 성省으로 편입시켜 달라는 것이었다. 원나라에서도 고려를 정동성으로 하려고 시도하였으나 이제현을 비롯한 고려의 충신들의 노력으로 막을 수 있었다. 결국 유청신은 반역죄로 처벌될까 두려워 끝내 고향

광덕사 호두나무. 원내는 유청신호두나무시식비. 호두나무 오른쪽에 있다.

으로 돌아오지 못한 채 원나라에서 일생을 마감해야 했다. 그리고《고려사》에 간신으로 기록되기에 이르렀다.

귤

우리나라에서 귤을 재배한 역사는 제법 길어서 삼국시대부터 제주도에서 재배한 것으로 생각된다. 우리나라에서 귤에 관한 최초의 기록인《탐라지》에 따르면 백제 문주왕 2년(476)에 탐라에서 지역 특산물로 귤을 바쳤음을 추정할 수 있다.

고려시대에는《고려사》〈세가〉에 "고려 문종 6년(1052)에 세공歲貢으로 탐라국(오늘날 제주)에서 받아오던 귤의 양을 100포로

늘린다."는 내용으로 미루어 제주 지역에서 나라에 특산물로 감귤을 진상했음을 알 수 있다.

조선시대에 들어서는 귤에 대한 기록이 많이 보인다. 이 시기에는 제사 때 감귤을 올렸고 손님을 접대하는 데 아주 중요하게 쓰였다. 《탐라순력도》 '감귤봉진조'에 보면 "감귤은 제주에서만 생산되어 왕실과 귀족들만 먹을 수 있었으며, 그 때문에 엄격히 관리했다."라고 기록하고 있다. 조선 최고의 법전인 《경국대전》에도 "제주의 감귤나무는 매년 심고 접붙이며 (중략) 해마다 그 수를 조사하여 보고하도록 하라."라고 할 정도로 엄격하게 관리하였다. 《태조실록》에는 "태조 1년(1392)부터 일정하게 정해진 양을 받던 상공常貢에서 감귤의 생산량에 따라 다르게 받는 별공別貢으로 바꾸었다."라고 기록하고 있다. 《세종실록》에는 "세종 8년(1426) 2월에 호조에서 감귤의 수요에 비하여 생산이 부족하자 남해안까지 감귤의 재배지를 늘리려는 시도를 하였다."고 기록하고 있다.

1547년(명종 2)에 홍문관교리였던 이원록이 어머니의 병환을 간병하기 위하여 사표를 내자, 명종은 감귤 40개를 일일이 헤아려서 하사하였다고 한다. 또한 매년 12월 제주목사가 감귤을 나라에 진상하면 귀중한 진상품으로 여겨 성균관과 사학 유생들에게 감귤을 나누어주고 황감과黃柑科라는 특별 과거를 보였으니,

주로 시詩·부賦·표表를 제술로 시험을 보아 서울과 지방 유생을 각각 1명씩 합격시켰다. 귀한 제주 감귤을 보호하기 위하여 원래 제주 지역을 방어하기 위하여 설치했던 방호소 중 다섯 곳(별방, 수산, 서귀, 동해, 명월)에 과수원을 만들어 감귤을 가꾸게 하였다. (당시 제주도에는 9개의 방호소가 있었는데 그중 다섯 곳이므로 많은 숫자라고 하겠다.)

그리고 임금이 매년 정월 초하루에 신하들로부터 세배를 받으면 선물로 귤 4개를 내려주었다고 한다.

문종은 감귤과 관련된 시를 짓기도 하였다. 집현전에서 학사들과 학문을 토론하던 세종대왕과 문종(이때는 왕세자)이 집현전 학사들과 머리를 식히기 위하여 산책을 하였다. 임금 앞에서 학문을 토론하느라 긴장하여 입이 마를 것으로 생각한 문종은 세종과 집현전 학사들에게 감귤을 나누어주었다. 어느덧 문종이 준비한 감귤을 모두 먹어치우자, 문종은 아쉬운 마음에 시 한 수를 썼다.

향나무는 코에만 향긋하고
기름진 고기는 입에만 맛있네
동정귤洞庭橘을 가장 사랑하나니
코에도 향긋하고 입에도 달기 때문이지

왕실과 귀족들조차 귀하게 여긴 과일이니만큼 감귤을 가꾸는 농민들의 고통은 그만큼 컸다. 공물로 진상해야 할 감귤의 수량을 채우려면 관청에서 가꾸는 것으로는 턱없이 부족하였다. 이에 백성들이 재배하는 감귤나무에까지 손을 뻗쳤다. 김상헌의 《남사록》에 "관리들은 매년 7~8월이면 각 농가마다 다니며 감귤의 숫자를 표시하여 장부에 적어두었다가 귤을 수확할 때 그 수를 채우지 못하면 배상을 하게 했다."라는 기록에서 가렴주구가 혹독했음을 알 수 있다. 《세조실록》 세조 1년(1455) 12월 25일 기사에는 이러한 가렴주구에 대항해 제주 백성들은 "감귤나무 심기를 좋아하지 않았고, 심지어 뽑아버리기까지 했다."고 나와 있다. 가렴주구가 계속되자 백성들은 감귤나무에 끓는 물을 부어

먹음직한 노란 감귤

죽이기까지 하였으니 고통이 얼마나 컸는가를 알 수 있다.

우리나라에서 심는 귤은 주로 온주밀감으로 조생종, 중생종, 만생종 등 약 10여 종류가 있다. 온주밀감은 20세기에 들어서 재배하기 시작하였다. 대한제국 말에 일본에 건너가

신문물을 수입하려던 개화파 박영효가 가지고 와서 제주시 구남천에 처음 심었다고 한다. 그러나 본격적으로 재배가 이루어진 것은 천주교가 전래되면서부터이다. 1903년에 제주에 부임한 엄탁가Esmile J. Taque 신부가 1911년 제주의 벚나무 원종과 일본의 온주밀감을 교환하여 현재의 서귀포시 서홍동 복자수도원에 심었으며, 지금도 그때 심은 귤나무 10여 그루에서 많은 귤이 열리고 있다고 한다.

고추나 후추 같은 향신료는
언제 들어왔나요?

고추는 임진왜란 전후에 들어왔으며, 후추는
고려 중기에, 양파는 조선 말기에 들어왔을 것
으로 추정하고 있다.

고추

16세기 말 중국에서 발간된《본초강목》에는 고추에 관한 언급이 없고, 일본의《초목육부경종법》에는 1542년 포르투갈 사람이 고추를 전했다고 기록되어 있다. 조선시대 이수광이 지은《지봉유설》에는 다음과 같은 기록이 있다.

남만초南蠻椒는 대독大毒하다. 처음 왜국에서 들어왔기 때문에 세속에서 왜개자倭芥子라고 한다. 요즘은 자주 심는데 술집에서 몹시 매운 것을 이용한다(술안주로 고추를 먹는다). 혹 고추를 소주에 타서 팔기도 하는데 이것을 마신 사람이 많이 죽었다.

고추가 일본에서 전래되어 '왜개자'라고 한다는 기록이 있는 것으로 보아, 일본을 거쳐 우리나라에 전해진 것으로 추정된다. 1760년(영조 36) 이익이 지은 글을 조카들이 모아 엮은 백과사전 《성호사설》, 60권의 방대한 백과사전인 이규경의 《오주연문장전산고》 등에도 번초蕃椒가 일본에서 도입되었고, 그 시기가 선조 임진왜란 이후라고 하였다.

지금은 도리어 고추를 전해준 일본에서는 매운 음식을 먹지 않는 반면에, 우리나라에서는 고추가 들어가지 않은 음식이 없을 정도로 기본양념 구실을 하고 있다.

한반도에서 고추장을 최초로 담가 먹기 시작한 것은 조선에 고추가 전래된 16세기 말에서 17세기 초로 추정된다. 숙종부터 경종 때까지 어의를 지낸 이시필이 쓴 조리서인 《소문사설》 〈식치방〉에 '순창고추장' 제조법이 나와 있다. 이때 만들어진 고추장은 메주를 이용하지 않고 그 속에 전복, 대하 따위의 어패류를 넣어 삭혀 먹었다. 마치 지금의 장조림 또는 장아찌 같은 음식이었다.

순창고추장을 그 이전에도 먹었다는 설도 있다. 이성계가 무학 대사와 함께 순창에 왔다가 한 농가에 들러 장을 맛보았는데, 임금으로 등극한 후에 그 맛을 잊지 못해 장을 진상하게 한 것이 오늘날 고추장의 시원이라고 한다. 하지만 이때는 고추가

전해지기 전이다. 이때의
고추장은《조선왕조실록》
에 보이는 '초장'으로 산초
로 만든 장이 아닐까 추정
된다. 이곳에는 무학 대사
가 이성계가 임금으로 등
극할 수 있도록 만 일 동안

고추

기도했다고 하여 백제 무왕 때 세운 절을 중수하여 만일사를 세
웠다고 한다. 그리고 이 절에서 고추장을 개발함으로써 고추장
의 시원지가 되었다고 한다. 높이 172cm에 이르는 만일사비는
효종 때 만든 것으로 비문을 읽기는 어려우나 '태조 이성계'와
'무학 대사'라는 글자는 판독이 가능하여 고추장과 관련된 비석
이 아닐까 추정하고 있다.

　조선의 임금 중 영조가 고추장을 좋아했다고 한다. 그는 고추
장 없이는 식사를 하지 못할 정도로 좋아했다. 영조는 궁궐의 음
식을 만드는 수라간의 고추장보다도 사헌부지평인 조종부의 집
에서 만든 고추장을 좋아했다. 조종부의 본관은 옥천, 오늘날 순
창이다. 그러나 조종부는 영의정 이천보의 행실을 비판했다가
영조가 추진하는 탕평책에 어긋난다고 하여 벼슬에서 쫓겨났다.
아마도 자신의 고추장을 좋아하는 영조를 등에 업고 과신하다가 큰 코를 다친 것이 아닐까 한다.

1809년(순조 9) 빙허각 이씨가 엮은 부녀자의 생활 지침서인 《규합총서》에도 순창의 고추장을 특산물로 꼽고 있으니, 순창은 오래전부터 고추장이 유명한 모양이다.

김치에 젓갈을 넣기 시작한 것도 고추가 들어온 이후인데, 그것은 고추의 매운 성분인 캅사이신이 음식물의 산패를 막아 비린내가 나지 않도록 하기 때문이다.

조선시대에는 고추를 '고초苦草'라고도 표기했다. 오늘날에는 '고苦' 자가 쓰다는 뜻으로 쓰이나 조선시대에는 맵다는 뜻으로 쓰였다. 입속에서 타는 듯한 매운 고추의 특성이 이름에서부터 드러나고 있다.

고추가 전래된 것은 일본이 임진왜란 때 오늘날 화학무기의 일종처럼 고춧가루를 무기로 쓰면서부터다.

1980년대 말 데모가 일어나는 곳이면 어김없이 등장했던 것이 최루가스다. 우리가 가장 쉽게 접하는 화학무기라고 할 수 있다. 그리고 한때 민방위 훈련을 할 때는 화생방전이라 하여 화학·생물·방사능에 대한 훈련을 반드시 실시했다. 생물학전에 대해서는 악명 높은 731부대를 다룬 소설인 《마루타》를 비롯한 이야기를 통하여 많이 보고 들었을 것이다.

그러나 옛날에도 화학무기를 사용했다고 한다면 고개를 갸웃

거릴 사람이 많을 것이다. 옛날 무기 중 화학무기로 일컬을 만한 것은 서양에서는 후춧가루이고, 우리나라에서는 고춧가루와 잿가루이다.

고기를 주식으로 하는 서양 사람들에게 후추는 없어서는 안 될 향신료이다. 이들은 후추를 찬 기운을 없애주는 신약神藥으로 여겼다. 로마 병사들이 겨울에 전쟁에 나아가기 전에 후추를 몸에 지닌 것도 이런 이유 때문이었다. 몸에 지닌 후추는 때로는 무기로도 쓰였다. 로마 병사들이 위기를 맞았을 때 후추를 모두 모아 태운다든지 살포기로 적에게 뿌려 위기를 극복하기도 했던 것이다.

동양의 화학무기인 고춧가루도 그 용도가 후추와 동일하다.

고추의 원산지는 중남미로 포르투갈 상인들에 의하여 일본에 전해졌고, 일본인들은 그 고춧가루를 임진왜란 때 화학무기로 사용하였다. 실학자 이규경은 "왜놈들이 고추를 태운 매운 연기를 날려 눈을 뜨지 못하게 해놓고 진격을 하거나, 기습 작전의 일환으로 고춧가루를 얼굴에 뿌리기도 했다."라고 적은 것에서 화학무기로 썼음을 알 수가 있다. 고춧가루가 전해지고 나서 우리나라 사람들은 서양인들의 후추처럼 찬 기운을 없애는 데 사용하였다. 즉 추운 겨울 먼 길을 떠날 때 버선 틈에 고춧가루를 넣어 발을 따뜻하게 하였다. 약으로도 사용하였으니 감기에 걸렸을 때 소주에 고춧가루를 타 마시기도 하였다.

고춧가루와 더불어 우리나라에서 화학무기로 사용한 것은 잿가루이다. 적군의 얼굴에 뿌려 눈을 뜨지 못하게 하는 것이다. 권율 장군이 행주산성에서 적을 맞아 싸울 때 화살 등 무기가 떨어져 전세가 어려워지자 최후의 무기로 잿가루를 뿌렸다는 이야기가 전해 내려온다.

후추

후추는 인도 남부가 원산지로 유럽에는 기원전 400년경 아라비아 상인에 의해 전래되었다. 유럽 사람들은 후추를 불로장생의 약이라고 믿었다. 물건을 사거나 팔 때 교환의 매개물로도 쓰였고, 여자들이 결혼할 때 지참금으로 사용하기도 했다. 후추는 유럽에서 권력의 상징이 될 만큼 그 가치가 높았다. 후추의 산지인 인도와의 사이에 아라비아가 가로막고 있어서 아라비아 상인이 후추 무역을 막으면 유럽에서는 금이나 은보다도 비싼 값으로 구입해야만 했다.

중국에는 육조시대에 인도에서 들어왔다고도 하고, 한나라 때 서역의 호나라에 사신으로 갔던 장건이 비단길을 통하여 가져왔다고도 한다. 호초胡椒라는 명칭도 '호나라에서 전래된 초椒'라는 뜻이다.

우리나라에는 고려 때 이인로가 지은 《파한집》에 그 명칭이 보인다. 따라서 고려 중엽에는 이미 우리나라에 알려져 있었고, 송나라와의 교역으로 유입되었을 것으로 추정된다. 1976년부터 1984년까지 8년간 진행된 전라남도 신안 앞바다 해저선 발굴 작업에서 도자기, 금속제품, 석제품, 동전류, 일용 잡화 등이 발굴되었는데 이때 후추도 발견되었다. 침몰 연대가 1250년~1350년 사이이므로 고려시대에 후추를 사용했음을 알 수 있다.

《태종실록》 태종 6년(1406) 9월 26일 기사를 보자.

> 대마도 수호 종정무가 사신을 보내어 토산물을 바쳤으니 소목, 호초와 공작孔雀이었다. 사자가 스스로 말하기를,
> "남번의 배를 노략하여 얻은 것입니다."
> 하였다.

이것으로 미루어 조선 초기에 이미 중국에서뿐만 아니라 남방에서도 직접 후추가 도입되었던 것으로 추측된다. 후추는 수입품이었기에 매우 귀중한 물품으로 취급되었다. 《징비록》에 수록된 후추의 일화를 보더라도 우리나라 사람들이 얼마나 후추를 좋아하고 귀하게 여겼는지 알 수 있다.

선조 때 일본의 사신이 우리나라에 왔을 때 일이다. 당시 일본의 도요토미 히데요시는 조선 침략의 야심을 품고 사신들로 하여금 우리나라의 사정을 염탐하게 하였다. 서울로 오는 도중 침략에 대한 아무런 대비가 없는 지방의 실정을 본 그들은 온갖 오만불손한 언행을 일삼았으나, 조정에서는 외국의 사신이었던 만큼 서울에 도착한 그들을 맞이하여 동평관에서 주연酒宴을 베풀었다.

술잔이 돌고 흥취가 무르익자 갑자기 일본 사신은 후추를 꺼내어 술좌석에 마구 뿌려댔다. 그러자 자리를 같이한 벼슬아치, 거문고를 타던 악공, 춤추고 노래하던 기생 할 것 없이 서로 다투어 후추를 줍기 시작하였다. 이를 본 일본의 사신은 관리들의 규율이 이렇듯 문란하니 이 땅을 침략하기란 매우 쉬운 일이라 생각하고 침략의 야심을 굳혔다는 것이다.

다음은 《성종실록》 성종 19년(1488) 6월 13일 기사이다.

종친 2품 이상, 동반 3품 당상관, 승지, 홍문관·예문관의 관원, 도총관, 여러 장수에게 후추를 차등 있게 내려주었다.

임금이 종친이나 관리들에게 선물로 줄 정도로 후추는 매우 귀한 물건으로 지배층만 먹을 수 있었으며, 대부분의 서민은 천

초(川椒: 초피나물)·겨자·마늘 따위를 향신료로 사용하였다. 후추
는 약재로도 쓰였다. 속을 덥게 하고 위를 튼튼히 하며 풍을 없
애고 땀을 내는 데 효능이 있다고 하여 소화불량·위 허약·반위(反
胃: 음식을 먹으면 구역질이 심하게 나며 먹은 것을 토해내는 위병)·
구토·이질 등의 증상에 사용하였다.

양파

오늘날 건강에 관심이 높아지면서 각종 성인병을 예방하는 성
분이 들어 있는 채소를 많이 찾고 있다. 그중 하나로 양파도 빼놓
을 수 없다.

양파의 원산지는 서아시아로 중동을 거쳐 이집트·이탈리아
등 지중해 연안에 이르렀고, 유럽을 경유해서 15세기경 미국으
로 건너갔다. 우리나라에는 조선 말기에 중국에서 들어온 것으
로 추측된다.

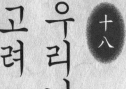

우리나라 인삼을 왜 고려 인삼이라고 하나요?

우리나라의 인삼이 본격적으로 외국에 알려진 때는 고려시대였으므로 우리나라의 인삼을 고려 인삼이라고 한다.

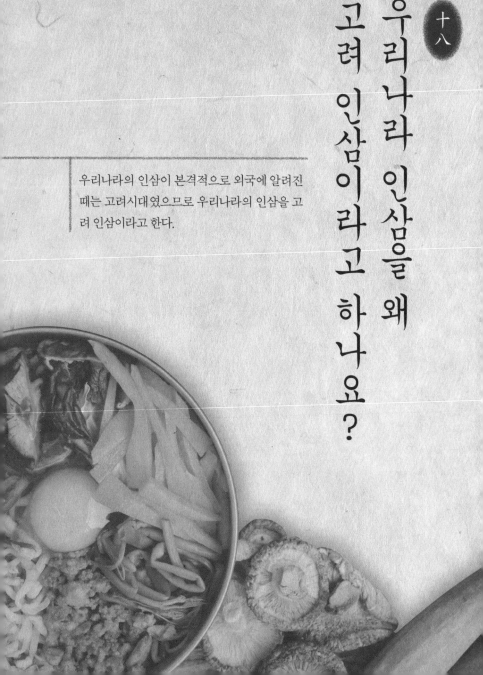

인삼을 재배하는 나라는 우리나라를 비롯하여 중국, 미국 등
이다. 그중에서도 우리나라 인삼이 가장 효과가 뛰어나다. 오늘
날 인삼이 각종 질병을 치료함은 물론 남성들의 힘을 향상시키
는 데도 효과가 높아 사람들이 큰 관심을 가지게 되었다.

 인삼에 대한 최초의 기록은 기원전 30년경 중국 전한의 원제
때 사유가 지은 한자 교본인《급취장》인데, 여기서는 인삼을 '삼'
이라고 기록하였다. 중국 후한 때 장중경이 지은 의학서인《상한
론》에서는 처음으로 인삼을 이용한 처방 기록을 확인할 수 있다.
그는 이 책에서 질병에 맞는 처방을 내리고 있어 현대 한의학에
서도 기본서로 통한다.《상한론》에서 인삼을 언급한 것은 그만

큼 효과가 크다는 증거라고 할 수 있다.

6세기 초에 중국 양나라 도홍경이《신농본초경》을 증보하여 주註를 단 의서인《신농본초경집주》에도 인삼에 대하여 자세히 서술하고 있다. 그는 인삼의 유래를 비롯하여 인삼이 어디에서 많이 나는지, 어떤 인삼이 좋은 것인지, 어디에 어떻게 좋은지 등을 기록하고 있다.

이러한 우리나라의 인삼이 처음 수출된 것은 통일신라시대이지만 삼국시대에 이미 중국에 널리 알려졌다. 이 당시 나라 별로 부르는 이름은 달랐다. 고구려 생산 인삼은 고구려삼, 백제 생산 인삼은 백제삼, 신라 생산 삼은 신라삼이라고 불렀다. 특히 중국에서 인기가 있었던 삼은 고구려삼과 백제삼이었다. 고구려와 백제는 중국과의 무역에서 인삼을 수출하여 큰 이익을 얻을 수 있었다.

인삼은 신라가 삼국 통일을 이루고 나서 본격적으로 알려지기 시작하였다. 특히 경상북도 풍기 지역에 자생하던 산삼은 신라삼(나삼)이라고 하여 당나라에 수출하여 많은 인기를 얻었다. 인삼의 재배가 시작되었음을 확인할 수 있다.

《삼국사기》에 "성덕왕 33년(734)에 당나라 현제에게 축하 사신을 보낼 때 산삼 200근을 선물하였다."라는 기록으로 미루어 신라시대에 이미 소백산에 산삼이 많이 자랐다는 사실을 보여주고

산삼꽃

있다. 이 당시에 당나라 사람들은 나삼을 특히 좋아하여 선물을
받으면 크게 기뻐하였다. 최치원도 당나라에서 실시한 외국인
대상 과거시험인 빈공과에 합격하여 관리로 있으면서 나삼을 상
관에게 선물로 주었다고 한다.

당나라뿐만 아니라 일본도 인삼을 원했다. 신라와의 무역을
원했던 물품들을 적은 〈매신라물해〉에는 인삼이 항상 포함되
어 있었다.

인삼을 본격적으로 재배하기 시작한 것은 1100년경 고려시
대이다. 전라남도 화순에는 인삼에 얽힌 전설이 전해 내려오고
있다.

고려시대에 전남 화순군 동복면 유천리에 살던 최모는 홀로 아들을 키우며 살고 있었다. 사내가 큰 병에 걸려 용하다는 의원을 찾아다니며 여러 가지 약을 처방받았으나 큰 효과가 없었다. 이제 죽을 날만 기다릴 수밖에 없었다. 이에 효성이 지극한 아들이 매일 모후산 바위 밑에 가서 산신령에게 기도를 하며 빌었다.

"신령님이시여, 꼭 저의 아버님이 쾌유할 수 있도록 도와주시옵소서."

아들의 기도와 정성에 감동했는지 하루는 아들의 꿈에 하얀 수염을 한 신선과 선녀가 나타났다. 그들은 아들에게 빨간 열매가 달리고 뿌리는 사람 모양과 흡사한 약초를 주며 말했다.

"모후산 동북쪽 산기슭에 있는 신비의 약이니 아버지의 병을 치료하도록 하라."

말을 마친 두 사람이 사라지고 아들은 잠에서 깨어났다. 그러나 아들은 꿈인지 생시인지 구분할 수가 없었다. 신기하게 생각한 아들은 신선이 말한 모후산으로 가서 이곳저곳을 헤매던 중 꿈에서 들은 약초를 보게 되었다. 그는 조심스럽게 뿌리를 캐고 종자를 받아 집으로 돌아왔다. 뿌리를 정성껏 달여 아버지에게 올리니 병이 금세 완쾌되었다. 아들은 종자를 자신의 밭에 심어 가꾸었는데, 약효가 좋다는 소문을 들은 사람들이 앞다투어 와서 사가니 큰 부자가 되었다. 이때부터 우리나라 인삼을 고려 인삼이라고 하였다는 것이다. 당시 인삼은 중국과의 무역에서 매우 중요한 품목이었다. 그런데 고려 인삼은 산에서 캐는 자연 삼이고 인기가 높아 없어서 못 팔 지경이었다. 그리하여 정부에서는 값을 더 받고 썩지 않게 하기 위해 가공 인삼인 홍삼을 만들기에 이르렀다. 중국 송나라때 문인 서긍은《선화봉사고려도경》에 홍삼 만드는 방법을 소개하고 있다.

고려에는 인삼이 특별히 나는데, 어느 지방에나 있지만 춘주(오늘날 춘천)에서 나는 것이 가장 좋다. 인삼에는 생삼과 숙삼 두 가지가 있다. 생삼은 색이 희고 허虛하여 약에 넣으면 그 맛이 온전하나 여름이 지나면 좀이 슬어 상하게 되니, 끓는 솥으로 익힌 것으로 오래 둘 수 있는 것만 못하다. 예로부터 전하기를 그 모양이 납작한 것은 고려 사람이 돌로 눌러서 즙을 짜내고 삶았기 때문이라 하는데, 이제 물어보니 그것은 아니다. 숙삼을 벽돌처럼 쌓아두어 그렇게 된 것일 뿐이다. 삶아 만드는 것에도 적당한 방법이 있다.

조선시대에 들어서도 나라에서 홍삼을 관리하였으며, 1811년(순조 11)에는 홍삼을 전매품으로 정하기까지 하였다.

중국에서 인삼의 인기가 높자 우리 조상들은 산삼 씨를 채취하여 자연 상태의 산림에서 고려 인삼, 일명 장뇌삼을 재배하기 시작했다. 인삼 재배가 확대된 것은 풍기에 우리나라 최초의 서원인 백운동서원을 세운 풍기군수 주세붕의 노력 덕분이다. 소백산 자락에 자리 잡은 풍기는 농사를 짓기에 적합하지 않아 백성들은 항상 어려운 생활을 해야만 했다. 1542년(중종 37)에 풍기군수로 부임한 주세붕은 옛날부터 소백산에 산삼이 많이 자생한다는 사실을 알고 백성들로 하여금 종자를 채취하게 하였다. 이에 풍기읍 금계동 임실마을에 시험 재배하였으니 이것이 인삼 재배의 효시가 되었다. 이후 풍기군수로서 업적을 인정받은 주세붕은 승진을 거듭하여 황해도관찰사로 부임하였다. 풍기의 토질과 개성의 토질이 비슷하다고 생각한 주세붕은 개성의 백성들에게 새로운 인삼재배법을 가르쳤다. 정치에서 소외되어 항상 불만을 가졌던 개성 사람들에게는 새로운 일에 몰두할 수 있는 계기가 되었다. 그리하여 개성이 상업 도시로 성장할 수 있는 바탕이 되었다.

조선 선조 때인 16세기 말~17세기 초에는 평지에서 인삼을 재배하는 방법을 개발하였다. 우리나라는 사계절이 뚜렷한 기후와 토양 조건이 알맞으며 강우량과 강설량이 적절하고, 일찍이 독특하고 전통적인 재배 기술이 발달하여 품질 좋은 인삼을 생산하였다. 이에 따라 《해동역사》, 《임원경제십육지》, 《증보문헌비고》등 인삼 재배법을 다룬 책도 많이 편찬되었다. 대한제국 말기에도 인삼 재배를 관장한 삼정국에서《재래경작법》을 펴냈다.

우리나라 인삼을 서양에 최초로 알린 사람은《하멜표류기》를 쓴 네덜란드 사람 하멜이다. 프랑스 선교사 자르투 신부도 런던 왕립학회에 보낸 편지에서 "작은 인삼 조각을 씹어 먹었더니 피로가 곧 가셨다."고 인삼의 약효를 칭찬하였다.

인삼에 관한 한 최고의 장사꾼은 개성상인 임상옥이다. 임상옥을 Tip을 통해 소개한다.

인삼을 팔아라, 임상옥

1) 중국 상인과의 대결

임상옥은 순조 때의 권세가인 박종경의 지원을 받으며 큰 상인으로 거듭 났다.

박종경은 임상옥에게 중국을 상대로 인삼 무역을 하게 하였다. 당시에 인삼 1근은 은으로 25냥이었다. 우리나라와 중국과의 인삼 거래량은 4만 근이었으므로 은 100만 냥에 해당하는 큰돈이었다. 이것을 임상옥이 거머 쥐면서 조선의 상권을 뒤흔들고 있었던 것이다.

나라에서도 중국으로 사신을 보낼 때는 중국어에 능통한 임상옥을 필요 로 하였다. 임상옥은 5000근의 인삼을 마차에 싣고 사신을 따라 중국으로 향했다.

'이번 장사만 성공하면 우리나라는 물론 중국의 상권도 거머쥘 수 있을 거야.'

임상옥은 부푼 꿈을 안고 1809년 10월 28일 한양을 출발하였다. 3개월 가까운 긴 여행 끝에 마침내 연경에 도착하여 회동관에 짐을 풀었다.

중국 상인들도 조선에서 사신이 온다는 소문을 듣고 연경에 모여들었다. 더구나 품질이 좋기로 소문난 임상옥의 홍삼이 온다는 소리에 모두들 군침 을 흘리고 있었다. 그러나 그들은 조선에서 온 홍삼을 싸게 사기 위하여 임 상옥의 홍삼을 사지 말자고 담합하였다. 임상옥은 속으로 애가 탔으나 내 색하지 않고 홍삼 값을 내걸었다.

'홍삼 1근 40냥.'

중국 상인들은 깜짝 놀랐다. 그들은 지금까지 홍삼 1근을 25냥에 샀던 것이다. 중국 상인들뿐만 아니라 임상옥의 일행들도 놀라 자신들의 눈을 의심하였다.

"이러다가 다 망하는 것 아니야?"

"그러게 말이야. 25냥 하던 홍삼을 한꺼번에 40냥을 받으려 하다니……."

예상대로 홍삼을 사겠다고 나서는 사람은 없었다. 임상옥 일행은 애가 탔다. 중국 사람들은 새해가 되면 한 달 이상을 먹고 마시며 일을 하지 않았기 때문이다. 만약에 팔리지 않는다면 홍삼을 도로 조선으로 가져가야 할 판이었다.

"어르신, 값을 낮추어야 하지 않겠습니까? 그렇지 않으면 큰 손해를 봅니다."

그러나 임상옥은 태연하였다.

"걱정하지 말게나. 200년 가까이 오르지 않은 가격을 이번에는 올려야 하지 않겠나?"

임상옥은 다시 홍삼 가격을 내건다고 중국 상인들에게 소문을 내게 하였다.

'홍삼 1근 45냥.'

오히려 5냥을 올린 가격이었다. 중국 상인들은 혀를 차며 뒤도 돌아보지 않고 돌아섰다. 임상옥 일행은 기가 차서 말문이 막혔다.

"이러다간 큰일 납니다. 어르신, 제발 가격을 낮추십시오."

일행들 모두 임상옥에게 간청하였으나 임상옥은 꿈쩍도 하지 않았다.

시간은 물과 같이 흘러 어느덧 연경을 떠날 날이 가까워졌다. 이제 홍삼을 파는 것은 포기해야 할 판이었다.

"어르신, 홍삼을 마차에 실을까요?"

"아닐세. 홍삼을 뜰에 쌓아두게. 그리고 장작더미도 옆에 쌓아두게나."

일행은 임상옥이 시키는 대로 하였고, 잠시 후 임상옥은 장작더미에 불을 붙여 쌓아놓은 홍삼을 불속에 집어넣었다. 홍삼을 태운다는 사실은 금세 연경에 모여든 약재상들에게 퍼졌다. 그들은 헐레벌떡 회동관 앞으로 달려왔다. 홍삼을 태우면 임상옥도 망하는 것이지만 약재상들도 망하기는 마찬가지였다. 특히 당시 중국의 이름난 의사인 갈가구·이동원·모단계 등은 모든 병의 근원을 기가 부족하고 피로하고 토하여 피가 부족하다고 진단하였고, 이를 치료하는 특효약이 바로 홍삼이었던 것이다. 따라서 홍삼이 없다면 그들은 상점 문을 닫을 수밖에 없었다.

중국 약재상들 중에는 임상옥이 도라지를 태우는 것은 아닐까 의심하는 사람도 있었다. 하지만 불에 타는 것은 틀림없는 홍삼이었다. 너나 할 것 없이 연경에 모인 상인들은 임상옥을 말리기 시작하였다.

"임 대인, 왜 이러시오?"

"어서 불을 끄시오. 불을 끄라고 하시오."

연경의 약재상들이 임상옥을 말렸지만 그들이 말릴수록 임상옥이 불속에 던지는 홍삼의 양은 더욱 많아졌다.

"우리가 잘못했소이다. 대인이 원하는 대로 가격을 다 쳐주겠소."

이미 홍삼의 반은 불에 타버린 터였다.

"홍삼의 반이 이미 불에 탔으니 홍삼 1근에 90냥을 쳐주시오. 그러지 않으면 이까짓 홍삼을 남겨둔들 무엇하겠소?"

"알았소. 대인이 원하는 대로 홍삼 1근에 90냥으로 사겠소."

임상옥의 통쾌한 승리였다. 그리하여 200년 동안 오르지 않았던 홍삼 가격은 3배 이상 올랐고, 임상옥은 우리나라는 물론 중국에서도 더욱 이름을 떨치게 되었다.

2) 계영배

임상옥은 1779년(정조 3) 12월 10일 평안북도 의주에서 임봉핵의 아들로 태어났다. 임상옥의 집안은 원래 평안남도 안주에서 살다가 증조할아버지 때 의주로 이사하여 그때부터 상업에 종사하였다. 아버지 임봉핵도 역시 중국을 오가면서 물건을 사고팔았는데 실패를 거듭하였다. 그리하여 그 빚이 고스란히 임상옥에게 전해졌고, 임상옥은 이를 갚느라 많은 고생을 하며 장사를 배웠다. 당시에는 개성의 송상, 서울의 경강상인, 평양의 유상, 동래의 내상과 더불어 의주의 만상이 조선의 상업을 주름잡았다. 임상옥은 바로 의주의 만상에서 밑바닥부터 장사 기술을 배워나갔다. 그는 생각하였다.

'돈을 벌기 위해서는 인삼 무역권을 잡아야 해.'

그리하여 이조판서 박종경의 정치적 권력을 배경삼아 우리나라 최초로 국경에서 인삼 무역권을 독점하였다.

이때부터 천재적인 상업 수완을 발휘하여 1821년(순조 21) 변무사의 수행원으로 청나라에 갔을 때 북경 상인들의 불매동맹을 교묘한 방법으로 분쇄하고 원가의 수십 배로 매각하는 등 막대한 재화를 벌었다.

당대 최고의 부호로 손꼽힌 임상옥의 재산이 얼마나 되는지 알 수 있는 많은 일화가 전해온다. 그의 사무실에서 회계를 맡아보는 사람들만 해도 70명이 넘었다고 한다. 또 그의 집에 원접사, 평안감사, 의주부사가 한꺼번에 방문했을 때 그 일행이 700명이나 되었다. 이때 임상옥은 그들 모두에게 한 사람 앞에 한 상씩 차려 한꺼번에 제공했다. 음식도 음식이려니와 그릇을 비롯한 기구 일체가 놀라울 만큼 호화로웠다.

1811년(순조 11) 홍경래의 난 때는 방수장으로서 성을 지키는 데 공을 세웠으며, 변무사의 수행원으로 연경에 다녀온 뒤 오위장과 전라감영의 중군으로 임명되었으나 나아가지 않았다.

홍경래의 난이 오래 계속되고 흉년이 들어 백성들이 고생하자 소금과 식량을 구하여 백성들을 구하는 데도 앞장섰다. 이 공으로 1832년(순조 32) 곽산군수가 되었다. 그는 약 1년 동안 이 자리에 있으면서 백성들에게 많은 것을 가르쳤다. 장사를 통해 배운 지식을 바탕으로 많은 이익을 남길 수 있는 농사를 지을 수 있도록 지도하였다. 산골에 위치해 항상 보릿고개를 걱정하던 곽산 사람들은 임상옥의 다스림을 고마워하였다.

1834년(순조 34) 7월에 물난리가 일어나 1737가구의 농민들이 피해를 입었고, 물에 빠져 죽은 사람이 16명, 물에 떠내려간 집이 2000가구에 이르렀다. 백성들의 고통은 매우 심하였다. 집이 없어 고생하는 사람들, 먹을 것이 없어 굶어 죽는 사람들이 나날이 늘어났다. 임상옥은 자신의 창고 문을 활짝 열었다. 의주의 수재민들에게 필요한 만큼 식량과 의복을 나누어 주었다. 부족한 식량과 의복은 전국에 있는 의주 만상의 행상들을 통해 조달하였다.

임상옥은 물난리를 겪은 의주 사람들을 구한 공으로 이듬해 구성부사에 발탁되었다. 종4품에서 종3품으로 뛰어오르는 큰 승진이었다. 그러자 비변사에서 논란이 일었다. 임상옥이 곽산군수로 있을 때 포폄(관리로 있는 동안에 승진을 할 수 있는지를 따지는 점수를 매기는 것)이 중간으로 승진할 수 없다는 지적이 나왔다. 이 논란은 임상옥으로 하여금 벼슬에 대한 뜻을 꺾게 만들었다. 그는 곧 사퇴하고 빈민을 구제하는 데 앞장섰다. 과객과 걸인들을 맞이하여 숙소와 음식을 대접하고, 주위에 어려운 일을 당한 사람이 있으면 늘 도와주었다. 많은 돈을 내어 도로와 다리를 놓고 배를 사서 백성들에게 교통의 편의를 제공하기도 하였다. 또 1000여 석의 곡식을 사서 백마산성 수비군에게 제공하여 도둑 방비에도 힘을 쏟았다.

임상옥은 시를 짓는 데도 남다른 재주를 보였다. 일생 동안 지은 시를 추려 《적중일기》를 엮었고, 그 밖의 저서로 《가포집》이 있다.

계영배

임상옥은 1855년(철종 6)에 토지를 개인적으로 물려주지 않고 여러 사람에게 공유지로 물려주어 재산을 지킬 수 있도록 하면서 남을 많이 도우라는 유언을 후손들에게 남기고 숨을 거두었다. 그의 위패는 양반만 제사를 지낼 수 있는 학봉사에 모셨다.

임상옥이 장사를 하면서 깨달은 것은 바로 '재상평여수 인중직사형(財上平如水 人中直似衡)'이었다. "재물은 평등하기가 물과 같고, 사람은 바르기가 저울과 같다."라는 그의 유언은 물과 같이 평등한 재물을 독점하려는 어리석은 재산가는 반드시 그 재물에 의해서 비극을 맞을 것이며, 저울과 같이 바르고 정직하지 못한 재산가는 언젠가는 반드시 그 재물에 의해서 파멸을 맞을 것이라는 교훈을 우리에게 주고 있다.

임상옥이 장사를 하면서 늘 곁에 두고 있었던 것은 계영배(戒盈杯)이다.

잔에 술을 가득 부으면 술은 모두 새어나가 사라져버리고 술을 반쯤 부어야 술이 그대로 남아 있는 것이 계영배가 주는 교훈이다. 임상옥은 계영배를 늘 곁에 두고 끝없이 솟구치는 과욕을 다스리면서 그것을 교훈삼아 큰돈을 만들었다고 한다. 임상옥이 조선 최고의 큰 재물을 만든 바탕은 계영배의 기운을 끊임없이 느끼고 그 교훈을 되새긴 덕택이라고 할 수 있다.

十九

잡탕이 궁중에서 먹던 음식이라면서요?

정조가 어머니인 혜경궁 홍씨를 위해 우리나라
에서 나는 가장 좋은 재료들만 엄선하여 만든
국거리로 보통 것과 다른 특별난 음식이다.

옛날 사람들은 하루에 두 끼를 먹었다. 두 끼 식사는 임금도 예외가 아니었다. 아침과 저녁을 주로 먹었으며 먹는 시간은 오전 10시와 오후 5시 정도였다.

임금들은 두 차례의 식사만 한 것은 아니었다. 아침과 저녁을 전후하여 각각 새참으로 두 끼를 더 먹었다. 다과상이었다. 오전에 먹는 다과상을 조다소반과, 오후에 먹는 다과상을 야다소반과라 하였다.

오후에 먹는 야다소반과에는 9개의 찬이 나왔다. 이를 잘 보여주는 것이 바로 효자로 소문난 정조가 화성으로 능행차를 떠나면서 어머니 혜경궁 홍씨의 회갑을 맞아 준비한 다과상 식단이

혜경궁 홍씨 회갑 진찬연 모형(수원 화성박물관)

다. 그 자세한 내용이 《원행을묘정리의궤》에 소개되어 있다.

9개의 찬에는 편육, 숭어, 채만두, 각색편, 각색당, 각색정과, 만두과, 꿀, 초장과 함께 잡탕이란 메뉴가 등장한다.

'잡탕'이라는 말에서 받는 느낌은 궁중에서 먹을 음식 이름은 아니다. 오늘날 많이 먹는 부대찌개가 1950년대 미군이 주둔하면서 그들이 남긴 잔반을 처리하는 과정에서 생겼다고 하는데, 일종의 잡탕 느낌이다. 하지만 조선시대의 잡탕은 최고의 요리이다. 조리법을 보자. 먼저 조선시대에 최고의 생선으로 친 숭

어 전유어에 안심, 두골(소의 골), 양(소의 밥통), 곤자소니(소의 창
자 끝에 달린 기름기가 많은 부분), 진계(묵은닭), 저태(보에 싸인 돼
지 새끼), 저각육(돼지 다리 고기) 등의 고급 고기를 삶았다. 이를
썰어 양념을 하고 국에 넣어 한소끔 끓인 뒤 간을 맞췄다. 여기에
전복, 해삼, 완자, 표고버섯, 박고지(박을 켜서 말린 것), 실백잣 등
을 섞어 뜨거운 국물을 부어 먹었다. 요즘은 맛보기 힘든 별식 중
의 별식이었다.

　오늘날 '난잡한 모양이나 사물, 또는 난잡한 행동을 하는 사람'
을 잡탕에 비유하여 이르는 말과는 거리가 멀다. 정조가 어머니
인 혜경궁 홍씨를 위해 우리나라에서 나는 가장 좋은 재료들만
엄선하여 만든 국거리로 보통 것과 다른 특별난 음식이라는 것
이다. '특별한 잡탕'이라는 뜻으로 '별잡탕'으로 불리기도 하였다.
효성이 지극했던 정조가 어머니를 위해 만든 음식이니 그 맛은
당시의 음식 중 최고였을 것이다.

궁궐에서 잔치를 할 때 남자 조리사도 있었다면서요?

요즈음 방송에서 요리 프로그램을 많이 방영하고 있다. 요리 프로그램에 등장하는 요리사들은 연예인 못지않은 인기를 누리고 있는데 남자 요리사가 주류를 이룬다.

조선시대는 어땠을까?

궁궐에서 임금이나 왕비 등이 먹는 음식은 수라간이나 소주방에서 주방 상궁들을 중심으로 만들어 진상하였다.

궁궐에 잔치가 있을 때는 대령숙수라는 남자 조리사가 동원되었다. 수라간은 좁아서 수백명분의 음식을 만들 수 없으므로 임시로 숙설소라는 부엌을 짓고 이곳에서 100여 명이 며칠을 두고 만들었다. 후식은 생과방에서 만들었다.

실무는 거의 차비(差備)들이 담당하는데, 만드는 음식에 따라 직책명도 달랐다. 밥을 짓는 일은 반공(飯工), 생선 요리는 자색(炙色), 두부 요리는 포장(泡匠), 고깃살 요리는 별사옹(別司饔), 떡은 병공(餠工), 술은 주색(酒色), 차는 차색(茶色)이 담당하였다. 이들을 총감독하는 사람은 오늘날의 주방장이라고 할 수 있는 반감(飯監)이었다.

경복궁에 복원된 소주방 전경

소주방 내부 모습

평소에 대령숙수는 궁궐 밖에서 거주하면서 크기가 매우 커서 다듬기가 부담스럽거나 많은 힘이 필요한 재료, 혹은 모습이 흉하거나 비위가 상하는 재료 등을 수라간 궁녀와 나인들이 쉽게 요리할 수 있도록 기본적인 조리를 한다.

고종 등극 30주년 기념 진찬
(경복궁 소주방 재연 모습)

궁중에서 특별한 일이 있어 반드시 필요한 음식을 만들 때도 그 재료가 구하기 어려운 희귀한 것이거나 궁중에서 만들 만한 격조가 아닌 것은 대령숙수가 구해오거나 만들어 온다.

궁궐의 잔치 음식은 그 양이 어마어마했다.

잔치가 끝나면 그 많은 음식을 어떻게 보관했을까? 옛날에는 냉장고가 없었다. 우리나라에 냉장고가 들어온 지는 60년 정도 되었을 따름이다.

신라시대 이래 냉장고라고 할 수 있는 석빙고가 있었고, 조선시대에도 서빙고와 동빙고가 있었지만 이곳은 단지 겨울철에 한강이나 대동강의 얼음을 보관하였다가 여름철에 왕실이나 양반들에게 필요한 얼음을 제공하는 곳이었다.

궁궐에서 잔치를 하고 남은 음식은 곽격지(기름 종이로 만든 포장지)와 세폭의 청색 보자기에 싸서 참석한 양반들에게 나누어주었다. 의식을 위해 높이 고인 음식들은 제사상에서 물린 다음 종친이나 신하의 집으로 내려주었다. 대개 한 가지씩 한지로 싸서 보냈기 때문에 종친마다 받는 음식은 달랐다.

이 음식들은 가자(架子)라는 들것에 실어 가마꾼이 앞뒤로 끌고 다니며 나누어주었다.

조선시대 임금은 물을 백 번 끓여먹었다면서요?

물만 잘 마셔도 많은 질병을 예방하고 치료한다고 한다. 지하수도 없어 고생을 하며 심지어 죽기까지 하는 후진국의 국민들을 보면 마음이 아프다. 그들이 먹는 물은 짐승의 인분과 짐승들이 함께 어울린 곳에 고인 물이다. 이 물을 마신 사람들은 기생충에 쉽게 감염된다. 그들의 몸속에 들어간 기생충은 장이나 뇌를 손상시켜 죽음에 이르게도 하며 살을 파고 나오기도 하는데 그 길이가 자그마치 1미터에 이른다고 한다. 그들에게 우리가 하루에 100원씩 기부한다면 약품을 사서 깨끗한 물을 마실 수 있다니 모두가 관심을 가져야 하겠다.

그런 면에서 볼 때 우리나라 국민들은 참 행복하다.

우리는 얼마 전까지 지하수를 먹었다. 그리고 보리나 옥수수를 넣어 끓여 먹다가 요즈음에는 정수기를 사용하면서 있는 그대로 물을 마신다.

조선시대에는 백 번을 끓인 물을 마신 임금도 있었다. 바로 14대 선조가

그 주인공이다. 궁녀들이 99번 끓여 식혔다가 선조가 물을 찾으면 한 번 더 끓여 식혀서 올렸던 것이다. 이를 '백비차'라고 한다.

끓인 물은 몸에 빨이 흡수되고 물질 대사를 왕성하게 해준다. 그리하여 면역 기능을 향상시켜서 감기와 후두염을 예방하는 데 도움을 준다고 한다. 우리 조상들의 지혜를 알 수 있는 대목이다.

경복궁 우물

二十

조선시대에 감자 재배를
금지하기도 했다면서요?

감자의 재배 면적이 늘어나면 쌀이나 보리와
같은 세금으로 징수할 곡식이 부족할 수도 있
으므로 감자 재배를 금지하기도 하였다.

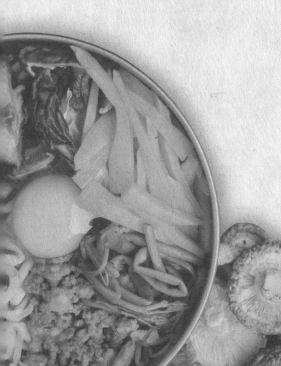

우리나라의 서민들은 보리를 수확하기 전에 많은 고생을 하였다. 특히 먹을 것이 부족하여 나무뿌리나 소나무의 껍질을 삶아 먹어야 했다. 이 시기를 '보릿고개'라고 한다. 보릿고개 시절에는 많은 사람들이 굶주려 얼굴이 누렇게 변하는 황달 증세를 보였다. 사람들은 보릿고개를 넘기 위하여 풀뿌리부터 소나무 껍질, 백토까지 먹어야 했다. 이익의 《성호사설》〈만물문〉에 굶주린 백토를 먹는 백성들을 묘사한 대목이 나온다.

　정선 지방 어느 골짜기에 이상한 흙이 매장되어 있는데 주민들이 그 흙을 파다가 먹는다. 음식은 쌀가루 한 말에 흙 다섯 되를 섞어서 떡을 만든다고 한다. 한 사람이 가져와 내게 보이는데 복령처럼 하얗고 매우 끈적끈적했다. 씹어보니 흙냄새가 조금 났지만 먹을 만한 것이었다.

백토에는 미네랄이 많이 함유되어 있다. 아무리 그렇더라도 흙으로 음식을 만들어 먹어야 하다니, 굶주림이 얼마나 심했는지 알 수 있다. 오늘날에도 강원도 양구에서는 백토 70%에 쌀 30%의 비율로 떡을 만들어 먹는다고 한다. 이 떡은 이질과 설사에 특효가 있다고 한다. 굶주림을 견디지 못하여 인육을 먹는 일도 있었다. 《선조실록》 선조 26년(1593) 12월 9일 기사를 보면 당시 그 참상을 알 수 있다.

비변사가 아뢰기를,
"근일 경성의 각 진제장(賑濟場: 굶주린 백성들을 위해 한성부에 설치한 응급 구제 기관)에서 사망하는 사람이 그 숫자를 헤아릴 수 없을 정도인데 그 가운데 남부의 진제장에서 사망하는 사람이 더욱 많습니다. 그래서 날마다 끊임없이 도로에다 끌어내어 놓는데 그 시체를 모두 다른 굶주린 백성들이 베어내어 가지고 갑니다. 당초 진제장의 일에 대해 미리 조처를 하여 하리(조선시대에 행정 실무를 맡아보는 하급 관리)들로 하여금 농간을 부려 침탈하지 못하게 하였다면 이 지경에 이르지는 않았을 것인데 사사건건이 지체되어 있으니 매우 마음 아픈 일입니다. 남부 진제장의 감진관 등을 우선 심문하여 엄하게 다스림으로써 그 나머지를 경계시키소서."

하니, 상이 따랐다.

매우 가슴 아픈 현실이었다. 이러한 보릿고개 시절의 힘겨운 생활에서 벗어나게 해준 고마운 농작물이 바로 고구마와 감자이다. 백성들의 식량을 구해준 작물이라고 하여 고구마와 감자를 구황작물이라고 한다.

원래 고구마는 중앙아메리카에서 재배되었다. 이것이 서인도제도를 서양에 최초로 소개한 콜럼버스와 최초로 세계 일주를 한 마젤란이 필리핀으로 전래시켰다. 필리핀 마닐라는 당시 교역 항이었기에 중국인들의 왕래가 잦았다. 중국 상인 중 진진룡이라는 사람이 1594년 고구마를 숨겨 중국으로 가져와 재배하기 시작했다. 원래 고구마의 외부 반출은 금지되었기에 숨겨서 중국으로 가져온 것이다. 중국의 복건성에서 재배되던 고구마는 유구국(오늘날 오키나와), 대만, 일본 본토로 전해졌다. 일본 본토로 전해진 고구마는 다시 대마도로 전해졌다.

우리나라에서는 1763년(영조 39)에 일본에 통신사로 다녀온

조엄이 대마도에서 고구마 가꾸는 법과 저장법 등을 배워 와 재배하기 시작하였고, 이듬해에 동래부사 강필리가 씨고구마를 구해서 부산의 절영도(오늘날 영도)에 심으면서 널리 퍼

맛있는 군고구마

지게 되었다. 강필리는 고구마 재배법에 관한《감저보》를 저술하기도 하였다.

1813년(순조 13)에는 김장순과 선종한이 제주도와 동래 지방에서만 재배하던 고구마를 9년 동안 전라도 지방에서 재배하면서 그 경험을 토대로《감저신보》를 저술하였다. 강필리의《감저보》가 중국의 재배법을 그대로 기술한 데 비하여 김장순과 선종한의《감저신보》는 우리나라 토양과 기후에 적합한 재배법을 기술하여 고구마의 보급에 큰 역할을 하였다. 1834년(순조 34)에는 실학자 서유구가《종저보》를 저술하여 고구마를 전국적으로 재배하는 계기를 만들었다.

유중림은 고구마가 전래되자마자 매우 중요하게 여겨《증보산림경제》에서 고구마를 심을 것을 적극 권장하였다.

왜인들은 먼 나라 사람에게 (고구마로) 음식을 준다. 그것을 보니 (왜인들은 고구마를) 아침저녁의 식량으로 하였음을 알 수 있다. 이 귀한 물건을 우리나라 사람들은 어찌 적극적으로 종자를 구하여 전국에 널리 심지 않으려 하는가. 오직 청인과 왜인들만 그 맛과 이익을 독점하고 있으니, 매우 안타까운 일이다.

박제가도 《북학의》에서 "고구마는 흉년을 구하는 데 으뜸이다. 마땅히 둔전관으로 하여금 특별히 살곶이나 밤섬에 심게 하면 많이 심을 수 있다."라며 고구마의 재배를 권장하였다. 정부에서도 고구마를 중요한 식량으로 인정하여 1798년(정조 22)에 고구마 재배를 적극 권장하였고 이에 따라 고구마 재배는 점차 확대되었다.

살곶이다리

고구마와 함께 구황작물의 대표인 감자의 원산지는 남아메리카 안데스 산맥의 고원지대이다. 500년경부터 안데스 산맥 중남부 고지의 원주민이 재배하기 시작한 것으로 추측되며, 1570년경에 탐험가인 프란시스코 피사로에 의해 처음으로 유럽의 에스파냐에 전해졌다. 유럽에서는 처음 감자가 전래되었을 때 땅 밑에서 자라는 식물이라 불경스럽다고 하여 재배하지도 먹지도 못하게 하였다. 프랑스에서는 매독, 나병, 연주창과 같은 질병의 원인으로 사람을 일찍 죽이고 임신을 못하게 한다고 하여 재배를 금지시키기도 하였다. 하지만 계속되는 흉작으로 대기근이 발생하자 감자의 필요성이 확대되어 널리 재배되었다.

유럽에 전래된 감자는 귀족들이 주로 먹은 상류층 음식이었다. 그러나 재배하기가 쉬웠기에 일반 서민들도 먹을 수가 있었고, 특히 대기근 이후에는 구황작물의 역할을 하였다. 화가 빈센트 반 고흐는 〈감자를 먹는 사람들〉에서, 고된 하루 일을 마치고 지친 표정의 사람들이 작은 등불 아래에서 커피와 함께 찐 감자를 먹고 있는 모습을 묘사하기도 하였다.

16세기 유럽으로 전해진 감자는 인도와 중국에도 전해졌으며, 우리나라에는 중국을 오가는 사신을 통해서 전해졌을 것으로 추측하고 있다. 조선의 실학자 이규경은《오주연문장전산고》에서 "북저北藷는 일명 토감저土甘藷라고 한다. 순조 때인 갑신·을유 양년 사이(1824~1825)에 명천의 김씨라는 사람이 북쪽에서 가지고 왔거나, 청나라 사람이 비싼 인삼을 조선에서 몰래 캐가기 위하여 조선 땅으로 넘어와 산속에 숨어 살았는데, 이들은 끼니를 위하여 산을 밭으로 일구어 감자를 가지고 와서 재배를 하였다. 그 사람들이 떠난 후에 이것이 많이 남아 있었다. 잎은 순무 같고 뿌리는 토란과 같다. 무엇인지 알 수 없으나 옮겨 심어보니 매우 잘 번식한다."고 기록하고 있다.

감자를 '북저'라고 한 것으로 보아 청나라에서 전래되었다고 할 수 있다. 감자라는 단어도 중국식 표현인 감저甘藷에서 온 것으로 추정할 수 있다.

1832년(순조 32) 김창한이 감자의 전래 내력과 재배법 등을 기술한《원저보》에 따르면, 영국 상선 로드 애머스트호가 전라도 해안에 표류했을 때 그 배에 타고 있던 선교사 구츨라프가 의약·서적 따위와 함께 감자 씨를 농민에게 나누어주고 그 재배법도 가르쳐주면서 적극 보급시켰다는 것이다.

1912년《조선농회보》7월호에 감자에 관하여 다음과 같이 기록되어 있다.

조선에서 감자 재배가 근래에 시작된 것이 아님은 일반적으로 알려진 것이지만 그 역사가 확실하지 않다. 함경북도의 조참여관이 말하기를, 1873년 조선 팔도가 일대 천재를 입어 여름까지 비가 내리지 않아서 파종이 늦어진 데다 음력 8월 11일에는 팔도에 첫서리가 내려서 농작물이 전멸하였다. 다음 해에 감자가 비로소 들어왔는데, 이것이 중국을 통하여 들어온 것인지 선교사가 직접 수입한 것인지 알 수 없다. 서울에는 1879년에 선교사가 들여왔고, 1883년경에는 선교사의 손을 거쳐 감자가 재배되기에 이르렀다.

그러나 나라에서는 감자 재배를 금지하기도 하였다. 함경도 무산 수령인 이형재라는 사람이 감자 보급을 위하여 씨감자를 모은 적이 있었다. 그러나 백성들은 이 일에 비협조적이었다. 감자를 재배하는 데는 힘도 들지 않았으며, 세금으로 나라에 빼앗길 걱정도 없었기에 백성들은 감자를 많이 심었던 것이다. 감자 재배 면적이 늘어나자 보리나 벼의 재배 면적이 줄어들었다. 이에 나라에서는 세금으로 거두어들일 쌀과 보리가 줄어들까 걱정하여 감자의 재배를 금지했고, 무산 백성들은 이형재가 씨감자를 수집할 때 처벌이 두려워 이를 내놓지 않았던 것이다.

그러자 이형재는 처벌을 하지 않을 것이며, 씨감자를 제공하면 소금을 준다고 설득하여 씨감자를 수집할 수 있었다. 이때 가뭄과 흉년으로 함경도와 강원도에서 식량난을 겪게 되었는데 이

감자

형재의 감자 재배 덕분에 무사히 넘길 수 있었다고 한다.

1847년(헌종 13)에 경기도 양주와 강원도 원주 및 철원 등지에서 구황작물로서 재배되었으며, 함경도 경성에서는 50~60호의 농가가 감자만을 재배하여 생계를 유지해갈 정도로 감자의 재배가 확대되었다.

고구마와 달리 감자는 빠른 시간에 보급되어 구황작물의 구실을 톡톡히 하였다.

고구마와 감자가 들어오기 전 대표적인 구황작물은 도토리이다. 우리 민족은 신석기시대에 도토리를 먹기 시작하였다. 신석기시대의 대표적인 유적지인 서울특별시 강동구 암사동이나 경기도 하남시 미사동 등 많은 신석기 유적지에서 자연산 도토리가 나오는 것을 통해 추측할 수 있다. 도토리가 대표적인 구황작물이라는 것은 기록을 통해서도 알 수 있다. 《고려사》에는 "충선왕이 흉년이 들자 백성을 생각해 다른 반찬의 수를 줄이고 도토리를 먹었다."는 기록이 있다. 조선시대에도 도토리는 대표적인 구황작물이었다. 《태종실록》 태종 9년(1409) 3월 16일 기사에서 그 사실을 확인할 수 있다.

　강원도의 굶주리는 사람들에게 구휼품을 나누어주어 구제
하였다. 도관찰사가 임금에게 진언하기를,
　"굶주린 백성이 도토리를 주워 연명하는데, 도토리가 이미 다
없어졌고 의창에 저장한 곡식도 구제하기에 부족합니다. 원컨
대 국고의 곡식을 내어 흉년을 구제하고 농사를 권장하소서."
　하니, 그대로 따랐다.

《세종실록》세종 6년(1424) 8월 20일 기사를 보자.

　호조에서 계하기를,
　"농사가 흉년이 든 각 고을의 구황할 풀과 나무뿌리는 정한
수량이 없기 때문에 많을 때는 이를 아주 그만두거나 없애기에
이르고 적을 때는 흉년을 구제하지 못하게 되오니, 지금부터
대호大戶에는 60석, 중호中戶에는 40석, 소호小戶에는 20석, 잔호
殘戶에는 10석으로 일정한 수량을 정하여서 도토리를 예비하게
하고, 농사가 비교적 잘된 각 고을은 반드시 수량에 구애되지
말고 적당하게 예비하게 하소서."
　하니, 그대로 따랐다.

이러한 실록의 기사로 미루어 고구마나 감자가 전래되기 전 도토리가 대표적인 구황작물임을 알 수 있다. 조선 후기에 홍만선이 저술한《산림경제》, 정약용이 저술한《목민심서》등에도 도토리는 대표적인 구황작물로 소개되어 있다. 1950년 한국전쟁이 일어났을 때도 도토리는 굶주린 사람들의 배를 채워주는 소중한 음식이었다. 도토리는 오늘날 건강식품으로 여전히 각광받고 있다. 특히 칼로리는 낮으면서 배가 부르는 포만감을 주기 때문에 다이어트 식품으로도 인기가 높다. 구황작물의 대변신이라고 할 수 있다.

도토리로 만드는 대표적인 음식이 도토리묵이다. 9월부터 나무에서 떨어진 도토리를 햇볕에 바싹 말린 후 껍질을 까고 장독에 물을 담고 도토리를 넣은 후 물을 갈아주면서 떫은맛이 없어

도토리묵무침

도토리나무

질 때까지 우려낸다. 그다음 곱게 갈아 고운체에 밭쳐 앙금을 가라앉히면 도토리 녹말이 완성된다. 도토리 녹말을 물에 풀어 하룻밤 정도 두었다가 솥에 붓고 저어가며 끓인다. 색깔이 투명해지면 소금과 식용유를 적당량 넣고 고루 저으면서 다시 한 번 끓여 뜸을 들인 다음 적당한 그릇에 쏟아 식히면 묵이 완성된다. 민간에서는 도토리 녹말가루를 설사의 특효약으로 사용하였다.

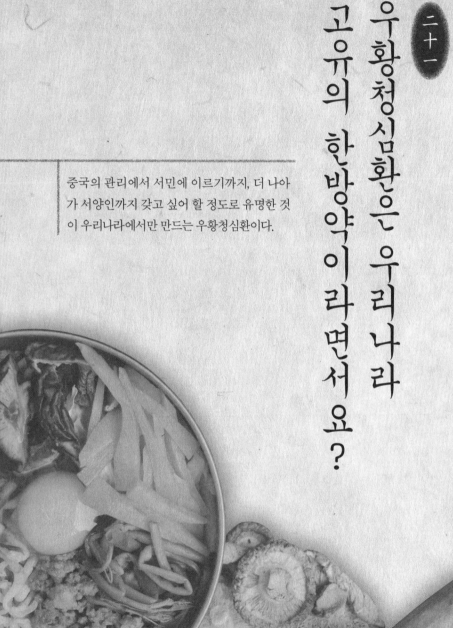

우황청심환은 우리나라 고유의 한방약이라면서요?

중국의 관리에서 서민에 이르기까지, 더 나아가 서양인까지 갖고 싶어 할 정도로 유명한 것이 우리나라에서만 만드는 우황청심환이다.

우리나라 사람들이 중국을 여행할 때 필히 사 가지고 오는 약
중 하나가 우황청심환이다. 마치 중국의 비약인 양 중국 곳곳을
누비며 싹쓸이를 하여 약방에서 품귀 현상까지 빚고 있다고 한
다. 그러나 우황청심환이 뇌질환, 중풍성 질환, 심장성 질환, 신
경성 질환에 쓰이는 우리나라의 고유의 한방약임을 모르고 하는
이들 관광객의 행위는 안타깝기 그지없다.

　조선시대에 만들어진 우황청심환 중 제주도에서 만든 것이
유명하였다. 우황청심환의 주성분인 우황이 제주도에서 기르는
소에 많았기 때문이라고 한다. 우황은 소의 간이나 담낭에 생긴
결석이다. 우리나라 우황청심환의 우수성은 널리 알려진 사실

이다. 특히 조선시대에 중국으로 가는 사신들에 의해 많이 알려졌다.

우황청심환은 당시 중국으로 가는 사신들이 밀무역을 하기 위한 필수 휴대품이었다. 중국에서 인기 있는 인삼은 부피 때문에 국경에서 적발될 가능성이 컸고 그 후폭풍도 컸지만, 우황청심환은 부피가 작아 휴대가 간편하고 비상약이라는 생각이 보편적이었으므로 국경을 넘다가 적발된다고 하더라도 크게 문제 삼지 않았다. 또 적발된다고 하더라도 국경을 통과하거나 성문을 통과할 때 문지기에게 우황청심환(한지도 인기 품목 중 하나였다.)을 주면 무사히 통과할 수 있었다고 한다. 이이명은 중국에 사신으로 갈 때 우황청심환만 있으면 모든 것에 통할 수 있다고 적고 있다.

1765년(영조 41)에 서장관으로 청나라에 가는 숙부 억의 자제 군관으로 북경에 갔던 실학자 홍대용은 서양 과학에 관심이 많았다. 그래서 청나라의 흠천감정(오늘날의 국립천문대장)으로 있는 독일인 선교사 할레르슈타인(중국 이름은 유송령)을 만나고자 하였다. 그러나 할레르슈타인은 이전에 자신을 만나러 왔던 조선 사람들이 성당에 침을 뱉으며 시끄럽게 굴었다는 이유로 거절하였다. 이에 홍대용은 중국 사람들이 갖고 싶어 하는 한지 두 다발과 조선의 명약 청심환을 예물로 보냈고 면담을 허락받았다. 할레르슈타인을 만나러 가니 이번에는 문지기가 들여보내지 않았다. 이에 청심환 한 알을 뇌물로 주니 들어갈 수 있었다.

연암 박지원이 청나라 고종의 생일을 축하하러 가는 사신으로 다녀온 뒤 저술한 《열하일기》에 따르면 "청나라 관리들은 너도 나도 우황청심환을 찾았다. 중국에서 판매되는 우황청심환은 워낙 가짜가 많아 약효가 나타나지 않기 때문이다. 또한 보고 싶은 책을 살 돈이 없을 때는 우황청심환으로 샀다."라고 적고 있다.

중국의 높은 관리에서 일반 백성, 그리고 명나라와 청나라에 와 있던 서양 선교사에 이르기까지 조선의 청심환에 열광했던 것이다. 우황청심환의 명성은 일본에도 알려졌다. 《태종실록》 태종 18년(1418) 3월 14일 기사에서 그 사실을 확인해보자.

대마도 종정무가 사람을 보내어 약을 구하였다. 평도전이 일찍이 휴가를 구하여 가서 종정무를 보았는데, 이제 종정무를 보좌하는 반인(伴人) 피도지를 보내 대궐로 보내어 글을 바치었다. 글에 이르기를, "종정무가 지난해 9월에 중풍으로 거의 죽을 뻔하였으나 지난 2월에 조금 차도가 있었습니다. 빌건대 청심환·소합환과 다른 약들을 함께 반인에게 붙여서 보내 주소서."

대마도에서 얼마나 급했고 청심환이 명약이었으면 우리나라에 요청하였을지 짐작할 수 있다. 이에 태종은 필요한 약을 보내주어 치료하게 하였다.

문헌으로 살펴보면 중국 명나라 때 편찬한《본초강목》에 청심환을 다룬 내용이 있다. 그러나 우황을 넣어 만든 우리나라의 제조법과는 전혀 다른 보약일 뿐이다. 이전에 우황청심환과 같은 방법으로 만든 것이 산예환이다. 송나라 때의 의학서《태평혜민화제국방》에 따르면 십전대보탕, 사물탕, 사군자탕, 쌍화탕 같은 처방처럼 22가지 약재를 복합 처방하여 산예환을 만들었다. 산예환은 고려 문종이 중풍에 걸렸을 때 이를 치료하러 온 안도와 진육이 우황, 용뇌, 주사, 사향 등의 약재를 가지고 와서 만든 것이 우리나라에 전래된 시초이다.

《동의보감》 표지

우황청심환을 언급한 우리나라 문헌으로는 세종 때 편찬한《언해납약증치방》이 있다. 이 책에서는 우황청심환을 비롯한 37개의 약 목록과 효과 및 금기 사항을 기록하고 있다. 세조 때 전의감의 궁중의였던 임원준이 쓴《창진집》과 1610년(광해군 2) 허준이 책임자로 저술한《동의보감》에서도 청심환의 사용법을 설명하고 있다.

그러나 우리나라에서는 우황청심환보다 청심원으로 더 알려진 듯하다.《태종실록》태종 8년(1408) 5월 24일 기사를 보자.

태상왕(태조 이성계)이 별전에서 승하하였다. 임금이 항상 광연루 아래에서 자면서 친히 수라상의 음식과 약을 복용할 때 무엇을 먼저 먹어야 할지를 보살폈는데, 이날 새벽에 이르러 파루가 되자 태상왕께서 담이 심하여 부축해 일어나 앉아서 소합향원을 먹었다. 병이 심해졌다는 연락을 받은 임금(태종)이 빨리 달려와 청심원을 드렸으나 태상이 삼키지 못하고 눈을 들어 두 번 쳐다보고 승하하였다.

아마도 태조 이성계가 두 차례에 걸친 왕자의 난으로 아들을 잃고 형제끼리 싸우는 모습에 혈압이 올랐던 모양이다. 이에 청심원으로 치료를 하려고 했으나 결국 세상을 뜨고 말았던 것이다. 이 기사로 미루어보면 우황청심환이라는 이름 이전에 청심원으로 불리었으며 혈압에 의한 중풍 등의 병에 사용한 것으로 보인다. 하지만 사람들이 청심원을 만병통치약으로 생각하여 남용하자 청심원을 함부로 만드는 것을 금지해야 한다고도 하였다.《세종실록》세종 22년(1440) 11월 22일 기사에서 그 사실을 알 수 있다.

　승정원에서 아뢰기를,

　"대체로 약을 써서 병을 다스리는 법은 증상에 따라 약을 먹어야 그 효과를 얻는 것인데, 세상 사람들이 병의 근원은 살피지 아니하고 만일에 급한 병을 앓게 되면 모두가 청심원을 쓰니 약을 사용하는 법에 어긋남이 있고, 또 청심원은 오로지 풍증을 주로 하는데 위급할 때 청심원을 쓰니 오래 복용함은 불가합니다. 근래에 의정부·육조·승정원·의금부 등 각사各司에서 해마다 제작製作하여 집집마다 그것을 간직하니, 병 앓는 집이 인연을 따라 구해 씁니다. (중략) 더군다나 소합원의 방문 안에는 혹 용뇌龍腦를 쓰든가 혹은 사향麝香을 쓰게 하였는데, 지금 각처에서 용뇌를 얻지 못하면 소뇌를 사용하여 약을 만드는데 원래의 처방대로 만들지 않으면 도리어 해로운 것이니, 청컨대 이제부터는 경중과 외방의 공사公私 각처에서 청심원을 만드는 것을 일절 금하게 하소서." 하니 이에 따랐다.

　바로 청심원의 무분별한 남용을 막고 사적으로 약을 제조하면서 해로움이 클 것을 염려하여 내린 결정이다.

　그렇지만 조선시대에 청심원이 질병으로 위급할 때 쓰는 구급

약이었음은 《선조실록》 선조 27
년(1594) 1월 2일 기사를 보면 알
수 있다.

우황청심환

약 한 봉지를 내리면서 정원
에 명령하였다.
"굶주림과 추위가 끝나고 따
뜻한 봄날이 다가오니 여러 질
병이 반드시 성할 것이다. 여기
청심원과 그 병에 잘 듣는 인진환을 하사하니, 영남을 방어하
는 김덕령부대를 찾는 권협이 가지고 가서 병사兵使 고언백에
게 나누어주게 하라. 경주·울산 등 외방의 군대는 인진환의 복
용법을 모를 것이니 권협에게 잘 알아가지고 가게 하라."

이때는 임진왜란으로 나라가 어렵고 백성들의 생활은 도탄에
빠져 있던 시기였다. 군사들이 잘 먹어야 질병도 이겨낼 수 있는
것인데, 제대로 먹지도 못하고 날씨까지 따뜻해지면서 번질지
모르는 전염병에 대비하여 청심원을 비롯한 약을 하사한 것이
다. 곧 청심원은 군사들을 비롯한 일반 백성들의 구급약이었던
것이다.

이처럼 우황청심환은 우리나라 고유의 명약임에도 중국을 큰 나라로 섬기던 사대주의 사상에 물든 낡은 사고방식이 외제 선호 사상으로 바뀌어 우리나라 우황청심환의 모조품인 중국의 청심환을 선호하고 있는 것이다.

二十二

언제부터 소를 농업에 이용하기 시작했나요?

농경문화가 정착되기 전에 소는 단지 고기를 얻기 위한 가축이었다. 농사에 철로 만든 쟁기를 쓰게 된 신라시대부터 소는 농사에서 중요한 구실을 하기 시작했다.

소가 우리나라에 들어온 것은 1800~2000년 전의 일이다. 김해의 조개무지에서도 기원전 100년경의 것으로 보이는 소의 유골이 발견된 바 있다. 서양에서는 이라크의 자르모 유적지에서 소의 유골이 나왔는데 약 5000년 전의 것으로 추정하고 있다. 이때의 소는 사냥을 한 야생 소였다. 집에서 소를 기르기 시작한 것은 메소포타미아의 모슬 근처 알파차에서 발견된 유적에서 확인할 수 있다.

　기원전 4000년경에는 수메르인들이 두 마리의 소로 전차를 끌게 하였다. 논밭을 일굴 때 쓰는 쟁기도 두 마리의 소가 끌었을 것이다. 사람에게 소의 존재가 가축의 형태로 바뀌었음을 알려주는 것은 선사시대의 그림이다. 에스파냐 칸타브리아 산맥 부근의 알타미라 동굴벽화에 그려진 소의 모습은 사람과 소의 관계를 알려주는 동시에 신성한 존재였음을 알려주고 있다.

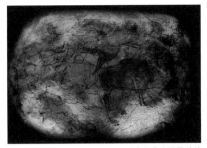

알타미라 동굴벽화

   소는 처음에 시체를 나르는 데 사용하였고, 청동기시대에 본격적으로 벼농사를 짓기 시작하면서 농사에 이용하게 되었다. 한반도에서 가장 먼저 달구지를 만들어 소의 힘을 이용한 나라는 고구려였다. 4~5세기에 그린 것으로 추정되는 고구려 고분벽화에는 달구지를 끄는 소나 외양간에 매놓은 소의 모습이 그려져 있다. 부여에서는 전쟁을 하기 전에 소를 잡아서 그 발톱의 상태로 길흉을 점치는 풍습이 있었는데, 소의 발톱이 벌어지면 흉조로 여겼고, 합쳐지면 길조로 여겼다고 한다. 또한 부여에서는 소를 신성시하여 부족장을 부를 때 '우가牛加'와 같이 소를 뜻하는 한자 이름을 붙이기도 하였다.

   이후 농업이 점점 발달함에 따라 신라의 눌지왕은 416년에 백성들이 소를 농사에 이용할 수 있도록 교육했다고 한다.

우리나라에서 농업은 주된 산업이다. 구석기시대에는 채집과 어로, 수렵 생활을 했으며, 신석기시대에는 생산 경제로서 농경 생활을 하게 되었다. 처음에 호미로 밭을 갈다가 시대가 발달하면서 돌 쟁기를 이용함으로써 식량 생산에 커다란 변화를 가져왔다.

부여나 삼한 사회에 이르면 농업이 더욱 발달하였다. 이 시대에 농업이 발달한 사실은 당시에 쌓았던 저수지를 보면 알 수 있다. 예를 들면 김제의 벽골제, 제천의 의림지, 상주의 공검지, 밀양의 수산제 등의 저수지를 조성하여 농사에 이용하였다.

이렇게 농업이 발달한 데는 그만한 이유가 있었다. 그것은 바로 철제 농기구의 보급이다. 철제 농기구의 보급으로 땅을 깊이 갈 수 있어 생산력이 더욱 높아졌다. 여기에 돌 쟁기를 개량한 따비가 등장했는데, 풀뿌리를 뽑거나 밭을 가는 농구의 한 가지로 쟁기보다 작은 보습(삽 모양의 쇳조각)이 사용되었다. 이 따비를 개량한 것이 쟁기로서, 신라에서는 5세기 지증왕 때 소와 함께

제천 의림지 (본 저작물은 공공누리 제1유형에 따라 제천시의 공공저작물을 이용하였습니다.)

밭갈이에 처음으로 이용하였다. 고구려에서는 3~4세기경, 백제에서는 그 이전에 우경牛耕을 시작한 것으로 추정하고 있다.

예부터 소는 매우 귀중한 가축이어서 소의 수효가 부유함의 척도가 되기도 했으며, 남의 소를 죽이거나 손상을 입힌 사람을 노비로 삼는 벌을 주는 등 소를 백성들의 재산으로 보호해주었다. 이를테면 고구려에서는 소와 말을 죽인 사람을 노비로 삼았으며, 신라에서는 소에 전염병이 돌면 밭갈이를 사람이 대신하기도 하고 소의 도살을 금지했다고 한다. 고려시대에는 다른 사람의 말이나 소를 훔친 사람은 엄격한 법으로 처벌하였다. 조선시대에도 소를 훔친 사람은 교수형에 처했으며, 소를 도살한 사람은 장杖 100대를 치고 수군으로 편입하였다.

소를 사육하는 방법을 다룬 문헌은 고려시대까지 존재하지 않았다. 그만큼 소의 사육에 대한 관심이 적었다고 할 수 있다. 조선시대에 들어오면서 세조는 목장을 많이 만들도록 하고 우경을 장려했다. 조선 중기의 문신이자 문인인 허균은《한정록》에서 농사짓는 법을 제시하였다. 열여섯 가지로 나누어 채소 가꾸는 법, 양잠·양우·양계·양어 방법을 낱낱이 설명하였다. 특히 양우법에서 소의 이용과 증식을 적극적으로 장려했다.

소를 먹기 시작한 것은 오래전이었다. 처음 야생 소를 사냥한 목적도 바로 먹기 위한 용도였다. 한반도에서는 고구려 때 이미 소고기로 맥적을 만들어 먹었다. 중국 진나라 때 간보가 지은 《수신기》에는 "맥적은 하찮은 다른 민족의 먹을거리인데 나라를 건국한 이후 우리나라 사람이 이 음식을 중요하게 여겨 큰 잔치에 이 음식을 내놓으니 이것으로 인하여 다른 나라의 침략을 받는 것이다."라고 적고 있다. 중국인들은 고구려인들을 맥족貊族이라고 불렀으며, 동이의 음식이 자신들의 상에 오르는 것을 외세 침략이라고 생각하였다.

삼국시대에 고기를 먹던 풍습은 불교가 전래되면서 점차 사라졌고, 고려시대에는 숭불정책에 따라 아예 고기 음식을 금지하면서 도살도 미개한 민족의 풍습으로 여겼다. 그러나 원나라의 침략을 받으면서 고구려 음식이었던 맥적을 재현해내어 개성의 고유 음식으로 발전시켰다. 개성에서 만든 맥적을 특히 '설야멱적雪夜覓炙'이라고 부르는데, 고기를 어느 정도 구웠다가 냉수에 담그기를 반복하면서 고기의 맛을 쫄깃하게 하였다.

조선 말기 문신이자 서예가인 최영년의 시집 《해동죽지》는 여러 가지 역사적 사건과 민간에 전승되는 놀이, 세시풍속 등을 간단한 서문과 함께 악부체로 기록한 책으로, "설야멱적이 눈 오는 겨울밤 술안주로 안성맞춤"이라고 적고 있다. 원래 설야멱은 '눈 내리는 밤 찾는다'는 뜻으로, 중국 송나라 태조가 눈 내리던 밤에 진나라에 가니 숯불에 고기를 굽고 있었다는 이야기에서 유래되었다.

　조선시대에는 나라의 큰 잔치나 병든 소 말고는 도살을 금지한 터라 남들 눈을 의식한 양반들이 주로 사람들이 찾지 않는 산기슭에 모여 몰래 설야멱을 구워 먹었다. 때를 가리지 않고 풍류를 즐기던 양반들이었지만 특히 이름처럼 '눈 내리는 날'에 더욱 생각났을 것이다.

　우리나라에서 우유가 처음 등장한 때는 삼국시대로 보인다. 일본에서 간행한《신찬성씨록》에 따르면 7세기 중엽 백제 사람 복상이 일본에 우유 짜는 방법을 알려주었다. 고려시대에 들어서 25대 충렬왕이 원나라의 공주를 부인으로 맞으면서 우유를 생산할 수 있는 유우소乳牛所를 설치했을 것으로 추측된다. 이때부터 젖소를 기르고 우유를 본격적으로 마시기 시작한 듯하다. 조선 중종 때 영의정 성희안이 상계上啓에 "우유는 귀중한 영양제이자 약재로서 왕실에서만 이용한 식품이다."라고 한 것으로 보아 왕실에서 주로 마셨음을 알 수 있다.

　조선시대에 우유는 맛좋은 영양식으로 임금이나 왕족들이 즐겨 먹었던 보양식이었다. 《조선왕조실록》에 보면 "세종대왕은 건강이 나빠진 형님 양녕대군을 위하여 콩이나 쌀을 팔아 우유를 짜는 젖소를 사서 우유를 먹이도록 하였다. 13세에 임금이 된

단종이 국상을 치르느라 피곤함이 역력하자 우유를 먹을 것을 황보인과 김종서가 권하였다. 정조는 겨울철이면 늘 우유로 만든 죽을 먹고 원기를 회복하였다.”고 한다.

궁궐 병원인 내의원에서도 몸이 허약한 상태거나 겨울에는 우유로 만든 죽을 권하였다. 《조선왕조실록》에 따르면 인종의 건강이 나빠지자 내의원 제조들이 우유로 만든 죽을 영양식으로 먹을 것을 권하자 인종이 신하들과 내의원들의 제안을 받아들였다고 하며, 선조가 기운이 없어하자 우유를 죽으로 끓여 마시면 기와 혈을 보양하여 열과 갈증을 없애준다고 하여 우유죽을 먹도록 했다.

조선 숙종 때 실학자 홍만선이 쓴 《산림경제》에도 우유를 섭취하는 다양한 방법이 기록되어 있다. 이 책에 따르면 죽을 쑤다가 반쯤 익거든 죽물을 따라내고 우유를 쌀물 대신 부어 끓인 뒤에 떠서 사발에 담고 사발마다 연유 반 냥을 죽 위에 부어, 마치 기름처럼 죽에 고루 덮었을 때 바로 저으면서 먹으면 비길 데 없이 감미로운 우유죽이 된다고 하였다.

우유는 약으로 복용하기도 있었다. 《동의보감》에 “앵도창, 이른바 목 위에 앵두 크기만 한 부스럼이 생기면 날마다 우유를 마시면 저절로 사라진다.”고 하였고, 《증류본초》에서는 “대맥초 1근과 백복령 가루 4냥을 생우유에 개서 먹으면 100일 동안 배가

고프지 않아 구황에 도움이 된다."면서 우유의 우수성과 약효를 설명하였다.

우유는 훌륭한 식재료였지만 생산하는 데는 문제가 있었다. 우유를 진상하려면 새끼를 낳은 어미 소의 젖을 모아야 했으므로 애꿎은 송아지만 굶겨야 했던 것이다. 송아지가 굶으면 장차 농업에 없어서는 안 되는 존재로 키우기 어려웠고, 이는 농사를 짓는 데도 어려움을 주었으므로 농민들로서는 여간 고통스러운 게 아니었다. 이런 폐단을 막기 위해 중종은 "우유죽이 폐단이다."라면서 우유죽 먹는 것을 금지하였고, 영조는 우유를 짜는 것뿐만 아니라 아예 소를 잡는 것을 금하기도 하였다.

우유 때문에 봉변을 당할 뻔한 사람도 있었다. 바로 명종의 외척으로 권력을 행사하던 윤원형이었다. 그는 임금만 먹을 수 있는 우유죽을 만드는 기구를 집으로 가지고 와서 우유죽을 만들어 처자식과 첩까지 먹였다가 신하들의 상소로 귀양까지 갈 뻔하였다.

관리는 임금이 먹을 우유를 제때 진상해야만 했다. 고종 때 우유를 담당했던 봉진관이 제때 우유를 진상하지 못했다고 직무유기로 면직하고, 우유 감독관이었던 검독은 사법부로 이송해서 징계를 하려다가 고종이 용서하여 무마된 적도 있었다.

먹는 김을 왜 김이라고 할까요?

김씨 성을 가진 자가 처음 양식을 하여 '김'이라
고 하였다.

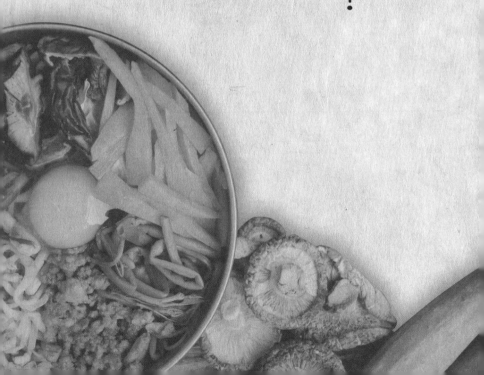

청소년들에게 떡볶이와 더불어 인기 있는 김밥. 김밥의 주재료인 김은 비타민을 비롯한 영양소가 풍부하여 많은 인기를 끌고 있으며, 전라남도 완도에서 나는 김을 한때는 일본에 전량 수출한 적도 있다.

　김은 원래 해태, 해의 등으로 불렸다. 그런데 왜 '김'이라고 하였을까?

　조선 인조 때 김여익이라는 사람이 병자호란을 겪은 뒤 광양으로 낙향하였다. 그는 광양 사람들이 고기잡이 외에는 수입이 없어 생활에 많은 곤란을 겪는 것을 안타깝게 여겨 해태를 양식하게 하였다. 기르는 어업의 시작이었다.

그 후에 이 해태를 현종에게 진상하게 되었는데, 맛을 본 현종이 상궁에게 물었다.

"이것이 무엇인가?"

갑작스런 임금의 물음에 상궁은 대답을 못하였다. 그러자 임금은 다시 물었다.

"어디에 사는 누가 올린 음식인가?"

"광양에 사는 김 아무개가 올린 음식이옵니다."

상궁의 말에 현종은 말했다.

"이제 이것을 김 아무개의 성을 따서 김이라고 하여라."

그리하여 해태라고 불리던 것이 김이 되었다.

그런데 김을 양식하는 방법은 400년이 지난 지금도 똑같다.

이처럼 성씨를 따서 이름을 지은 것 중에 '명태'가 있다. 명태는 또 얼리면 동태요, 말리면 황태라고 불린다.

함경도 명천에 사는 어부 태씨의 집에 하루는 고을 수령이 왔다. 고을 수령에게 달리 대접할 것이 없었던 태씨는 명태로 매운탕을 끓여 올렸다. 고을 수령은 명태 매운탕의 맛에 그만 넋을 잃고 말았다. 이에 고을 수령이 어류의 이름을 물으니 태씨가 대답을 하지 못했다. 그러자 고을 수령은 '명천에 사는 태씨가 잡은 고기'라고 하여 '명태'라고 부르게 되었다고 한다.

'도루묵'이라는 생선도 있다. 보통 열과 성의를 다하여 일을 이루려 하였으나 아무런 보람도 없이 끝났을 때 사람들은 "말짱 도루묵이 되었다."라고 말한다. 도대체 일이 제대로 이루어지지 않은 것과 도루묵은 어떤 관계가 있을까? 본래 도루묵은 우리나라 근해 수심 200~400m 정도의 모래가 섞인 바닥에 사는 농어목 도루묵과의 물고기이다. 이 도루묵에는 다음과 같은 설화가 전해져 내려온다.

조선의 14대 임금 선조가 임진왜란 때 평양을 거쳐 의주로 피난을 가던 길이었다. 피난길이었기에 먹을 것이 부족하자, 한 어부가 '묵'이라는 물고기를 바쳤다. 피난길에 제대로 된 끼니를 먹어본 적이 없는 선조는 임금의 체면도 잊고 맛있게 먹었다. 선조는 고기가 너무 맛있어 명을 내렸다.

"앞으로 이 고기를 은어라 부르라."

그런데 임진왜란이 끝나 궁궐에 돌아온 선조가 왜란 중 피난가던 길에 먹었던 은어가 생각나서 다시 먹어보았더니 피난 시절의 맛이 아니었다. 이에 선조가 다시 명을 내렸다

도루묵

"도로 묵이라고 불러라."

결국 '도로 묵'이 나중에 도루묵으로 바뀌어 '노력을 기울인 보람도 없이 헛되게 되는 일'을 이르는 말이 되었다고 한다. 광해군 때부터 인조 연간에 활동한 문신이자 학자인 택당澤堂 이식은 도루묵을 소재로 한 시를 남기고 있다.

환목어還目魚

목어라 부르는 물고기가 있었는데
해산물 가운데서 품질이 낮은 거라
번지르르 기름진 고기도 아닌 데다
그 모양새도 볼만한 게 없었다
그래도 씹어보면 그 맛이 담박하여
겨울철 술안주론 그런 대로 괜찮았지
전에 임금님이 난리 피해 오시어서
이 해변에서 고초를 겪으실 때
목어가 마침 수라상에 올라와서
허기진 배를 든든하게 해드렸지
그러자 은어라 이름을 하사하고
길이 특산물로 바치게 하셨다네
난리 끝나 임금님이 서울로 돌아온 뒤

수라상에 진수성찬 서로들 뽐낼 적에
불쌍한 이 고기도 그 사이에 끼었는데
맛보시는 은총을 한 번도 못 받았네.
이름이 삭탈되어 도로 묵어로 떨어져서
순식간에 버린 물건 푸대접을 당했다네
잘나고 못난 것이 자기와는 상관없고
귀하고 천한 것은 때에 따라 달라지지
이름은 그저 겉치레에 불과한 것
버림을 받은 것이 그대 탓이 아니라네
넓고 넓은 저 푸른 바다 깊은 곳에
유유자적하는 것이 그대 모습 아니겠나

　전라남도 법성포의 특산물로 조기가 있다. 생물로 매운탕을
해서 먹기도 하지만 말린 조기를 구워 먹는 것이 제일이다. 말린
조기를 흔히 굴비屈非라고 한다. 굴비라는 말은 고려 인종 때의
권력자인 이자겸에 의해서 생겨난 말이다.
　고려 초기 이래 외척 중에서도 경원 이씨의 세력만큼 강대한
것은 없었다는 역사적 평가를 받을 만큼 경원 이씨의 외척 세력
은 강력한 권력을 휘두르게 되었다. 이들은 문종 때부터 7대 80
여 년 동안 왕실과 중복되는 혼인 관계를 맺어 후비, 귀빈을 거의

독점적으로 들여보내다시피 하였다. 이에 따라 왕자, 왕녀도 대부분 경원 이씨의 외손이었다. 이러한 과정을 거쳐 경원 이씨 일족은 이자겸 때 이르러 절정의 권력을 누렸다.

《고려사》에 나오는 이자겸전에 따르면, 그의 여동생이 순종의 비로 들어갔는데 순종이 죽은 후에 궁에 있는 관노와 간통을 하게 되었다고 한다. 이 사건으로 이자겸도 연루되어 관직을 박탈당하기도 하였다. 그런데 예종이 즉위하여 이자겸의 둘째 딸을 왕비로 삼으면서 그의 지위는 갑자기 부상하였다. 그의 모친이나 아내 등이 하루 세 차례나 칙봉되니 집안 모두가 외척의 위치를 확고히 다지게 되었던 것이다.

1122년 예종이 재위 17년 만에 죽자 그의 여러 아내들이 낳은 자손들 사이에 왕위 계승을 놓고 알력이 생겼다. 이자겸은 여러 세력을 물리치고 큰딸이 낳은 열다섯 살의 외손자인 해(楷)를 옹립하는 데 성공하면서 정권을 장악하게 되었다. 이 외손자가 바로 고려 17대 왕인 인종이다.

이자겸은 무신 척준경과 손을 잡는 한편 후대에까지 가문의 부귀를 이어가고자 셋째 딸과 넷째 딸을 강제로 인종의 비로 출가시켜 왕권을 유명무실하게 만들어 왕위를 넘보는 지경에 이르렀다. 나아가 사돈인 척준경과 손을 잡고 반란을 일으켰다. 그러나 이자겸 군사력의 중추를 담당한 척준경이 인종의 편에 서면

서 이자겸의 난은 진압되
었다. 이자겸은 처와 아들
지윤과 함께 영광으로 귀
양을 가게 되었고 아버지
를 믿고 권세를 휘두르던
다른 아들들도 각기 유배
되었다.

굴비

영광으로 귀양 간 이자겸이 영광에서 흔했던 조기를 먹고 그
맛에 감동하여 인종에게 진상하면서 '정주굴비靜州屈非'라는 네 글
자를 함께 써 보냈다. '정주굴비'는 '비록 몸은 이곳 정주(오늘날
영광)에서 귀양살이를 하고 있지만 결코 굴하거나 꺾이지 않겠
다.'라는 뜻이다. 귀양살이 하는 처지에 쓸 글은 아닌 듯하지만
어쨌든 이때부터 '굴비'라는 이름을 얻게 되었다. 인종도 이자겸
이 진상한 굴비가 맛있었는지 굴비를 진상 품목에 추가하라는
명령을 내렸으며, 이후로 조기 하면 곧 '영광굴비'를 떠올리게 되
었다.

매년 10월이면 서해에 위치한 항구나 포구에서는 전어 축제가
한창이다. 집나간 며느리도 돌아온다는 전어, 얼마나 맛이 있기
에 전어 굽는 냄새를 맡고 집 나갔던 며느리가 돌아왔을까?

조선 후기 실학자인 서유구가 쓴《난호어목지》와《임원경제십육지》에는 전어鐱魚라고 기재하고 "서남해에서 난다. 등에는 가는 지느러미가 있어 꼬리까지 이른다."라고 하였고, "상인은 염장하여 서울에서 파는데 귀천貴賤이 모두 좋아한다."고 하였다.

또 그 맛이 좋아 사는 사람이 돈을 생각하지 않기 때문에 '전어鐱魚'라고 한다고 하여 이름의 유래도 언급하고 있다.

여름 보양식이 장어라면 가을 보양식의 대표 음식은 전어라고 한다.

그런데 이 전어를 일본 사람들은 먹지 않는다고 한다. 왜일까?

전어를 구울 때 나는 냄새가 죽은 사람을 화장할 때 나는 냄새와 같아 먹지 않는다고 한다. 일본인들의 식성이 이상하다고 해야 할까? 이렇게 맛있는 전어를 먹지 않으니 말이다.

오늘날 서울역이나 종묘 부근에는 노숙자가 많다. 지금은 노숙자라고 하지만 옛날에는 거지라고 불렀다. 이들에게 음식을 나누어주는 천사 같은 사람들이 있어 화제가 되고 있다.

조선시대에도 천사 같은 사람들이 있었다. 지금은 밥이나 국수를 주지만 조선시대에는 남대문에 모인 유랑민들에게 녹두나 밀가루로 만든 부침개를 던져주었다. 그러면서 "이 음식은 여흥 민공가에서 내려주신 음식이요!"라고 하였다. 그러면 유랑민들은 고마워하며 이를 받아 끼니를 때웠다. 이처럼 가난한 사람貧者

에게 나누어준 음식이라고
하여 '빈자떡'이 되었다고
한다. 빈대골로 불리는 정
동에 빈대떡 장사가 많아
붙은 이름이라는 설도 있
다.

빈대떡

　원래 빈대떡은 제사상에
고기를 높이 쌓아올릴 때 밑받침으로 사용하던 음식이었다. 처
음에는 녹두를 물에 불렸다가 맷돌에 갈아 솥뚜껑에 부친 것으
로 황해도에서는 막붙이, 평안도에서는 녹두지짐·지짐이라고 불
린다. 여기에 새콤한 김치를 다져서 넣기도 하고, 고사리나 도라
지를 넣어 쌉쌀한 맛을 더하기도 하였다. 이후 빈대떡은 더욱 맛
을 추구하면서 돼지고기나 소고기와 각종 채소를 섞어 만들었
다. 빈대떡 중 유명한 것은 평양에서 만든 빈대떡으로 일반적인
빈대떡의 3배 크기이다.

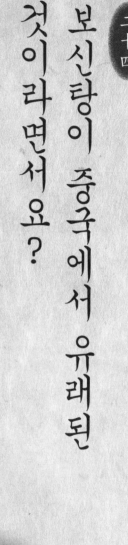

二十四

보신탕이 중국에서 유래된
것이라면서요?

중국 한나라 조정에서 신하들에게 나누어주었던
고기죽에서 유래된 보신탕은 여름철에 많은 노
동을 해야 하는 우리 조상들의 영양식이었다.

복날은 보통 10일 간격으로 이어진다. 해에 따라서는 중복과 말복 사이가 20일 간격이 되기도 하는데 이를 월복越伏이라고 한다. '삼복', '복날'처럼 왜 더운 날을 이를 때 '복伏'이라는 글자를 쓸까?

최남선의 《조선상식》에 따르면 '여름의 더운 기운을 제압하고 굴복시킨다'는 의미의 '서기제복暑氣制伏'을 뜻한다고 풀이하고 있다.

삼복의 유래는 중국 진나라 때 인간을 괴롭히는 벌레들을 물리치기 위해 성안에서 개를 잡아 삼복 제사를 지내는 풍습이 있었는데, 이러한 제사 의식이 현재의 복날이 되었다고 전해진다.

무더위를 이기고 기운을 되찾아주는 대표적인 복날 보양식으로는 보신탕, 삼계탕, 추어탕, 민어탕 등을 꼽을 수 있다.

보신탕은 복날에 우리나라 사람들이 가장 즐겨 먹는 음식이다. 다른 말로 개장, 구장狗醬, 지양탕地洋湯이라고도 한다.

이 풍속은 중국의 진·한 시대 이래로 내려오는 풍속이다. 중국 한나라 정부에서 여름철에 신하들에게 육미(肉味: 고기죽)를 나누어주었다고 하는데 이것이 한반도로 들어와 고기를 먹는 풍습으로 바뀐 듯하다.

고대 중국에서는 양고기를 끓이고 염소고기를 구워 먹었으며, 염소를 죽여 도성 네 군데 문에 내걸어 병을 예방했다고 한다. 그러나 우리나라에서는 양이나 염소가 귀했으므로 개를 잡아 끓여 먹었으며 중국처럼 사대문에 죽여 내거는 일은 없었다. 특히 개는 가정에서 남은 음식 찌꺼기를 주어도 아무 문제가 없었으므로 일반 백성들이 키우기에 안성맞춤이었다. 더구나 일반 백성들은 고기를 섭취할 만한 형편이 안 되었으므로 여름철에 단백질을 보충하는 데 견공이 제격이었던 것이다. 그리고 견공 중에서도 보신탕을 끓일 때는 황구黃狗를 일등품으로 쳤다.

이때 개고기를 먹지 못하는 이를 위해 생각해낸 것이 쇠고기로 흡사 개장처럼 끓이는 육개장이다. 그러므로 육개장도 삼복에 먹는 계절 음식의 하나였다.

삼복은 초복, 중복, 말복을 통틀어 이르는 말이다. 하지가 지난 뒤 세 번째 경일庚日을 초복, 네 번째 경일을 중복, 입추 후 첫 경일을 말복이라고 한다. 그 사이가 10일간이다. 중복과 말복 사이가 20일간으로 길어지는 때를 월복이라고 하며, 이때는 무더위도 더욱 기승을 부린다.

복날이 되면 서울의 상인들은 장사를 하지 않고 음식을 마련해 교외의 숲속이나 냇가로 가서 마음껏 놀고 음식을 먹었으므로 상인들은 덥기는 하지만 복날 오기를 기다렸으며, 이때 먹는 술은 몸에 좋다고 하여 약소주라고 하였다. 그 때문에 복날이 가까워지면 보신탕에 들어갈 개가 많이 필요해 개 값과 과일 값이 올랐다.

삼복이 다가올 때 자연스럽게 떠오르는 음식 중에는 삼계탕도 있다.

삼계탕은 따뜻한 성질의 인삼을 넣어 여름내 찬 음식을 많이 먹어 차가워진 내장에 양기를 보충해주는 역할을 한다. 삼계탕에는 닭과 인삼, 대추, 황기 등을 넣어 끓이므로 땀을 많이 흘려 입맛을 잃었을 때나 기운이 없을 때 먹으면 원기를 회복하는 데 효과가 크다.

추어탕도 단백질과 철분이 풍부하여 기운을 북돋워주는 음식이다.

조선시대에는 청계천에 거지들이 모여 살았다. 이들은 '경黥'이라는 형벌을 받은 사람들이었다. '경'이란 얼굴이나 팔뚝에 살을 따고 흠을 내어 먹물로 죄명을 찍어 넣는 벌로 영조 때까지 행해졌다. 체면과 겉치레를 중요하게 생각하는 조선시대에 '경'의 형벌을 받은 사람들은 집으로 돌아갈 수 없었다. 그리하여 일정한 지역에 모여 공동생활을 하였다. 주로 청계천 바닥의 흙을 쌓아 일군 인공산인 조산造山과 광교·수표교·복청교 아래, 서소문, 새남터, 만리재 등에 터를 잡아 모여 살았다.

일단 거지가 되면 그동안 쓰던 이름은 버리고 별명으로 서로를 불렀는데 우두머리인 꼭지딴이 이름을 붙여주었다. 예를 들면 갈매기, 솔가미(소리개), 독수리, 부엉이, 쟁끼(장끼), 까마귀, 까치 등이다.

이들은 얻어먹는 것 외에 내의원이나 혜민국에 뱀·두더지·지네·두꺼비·고슴도치 등의 약재를 잡아 올린다든지, 상여가 나갈 때 선두에 가면서 행렬을 한다든지, 상갓집이나 잔칫집의 치안을 봐주고 그 대가를 받기도 했으며, 추어탕을 만드는 집에 미꾸라지를 독점으로 공급하여 그 대가를 지불받아 생활하기도 했다.

추어탕은 미꾸라지를 갈아서 끓이기도 하고 통째로 넣어 끓이기도 한다. 여름철 피로 회복에 좋고, 불포화지방산이 풍부하여 체내의 콜레스테롤을 감소시켜주어 성인병을 예방할 수 있다.

추어탕에 함께 넣어먹는
부추가 몸을 따뜻하게 만
들어 여름철 찬 음식으로
차가워진 몸을 따뜻하게
해준다. 그런데 제철 추어
탕은 가을이 제격이었다.

추어탕

민어탕도 복달임 음식으로 꼽힌다. 조선시대에 여러 가지 복
달임 음식 중에서 최고의 보양식으로 여겼으며 임금과 양반들이
즐겨 먹었다.

민어는 6월부터 8월까지가 제철인데 단백질이 풍부하며 비타
민과 칼슘, 인, 철분 등의 영양소가 골고루 들어 있다. 또한 몸의
신진대사를 활발하게 해주는 핵산 성분이 풍부하다. 식욕이 없
을 때 밥맛을 돋우고 기운을 회복하는 데 좋은 민어는 회보다는
주로 매운탕이나 찜 등의 요리로 먹는 것이 좋다고 한다.

복날에 가난한 사람들은 개장국 대신 붉은 팥죽을 쑤어 먹었
으니, 이는 아마 중국에서 양이나 염소를 잡은 피를 생각해 나타
난 풍속이라 할 수 있다.

二十五

두부가 왕릉에서 발달한
음식이라면서요?

두부는 콩을 물에 담갔다가 갈아서 짜낸 콩물
을 가열한 다음 간수를 넣어 엉기게 하여 만든
식품으로 콩 제품 중 가장 대중적인 가공식품
이다.

여러 문헌에 따르면 두부는 지금으로부터 약 2000년 전인 중국 한나라 무제 때 회남왕 유안이 처음 만들었다고 한다. 유안이 저술한 자연과학 책인《회남왕만필술》에 두부 만드는 법이 기록되어 있다. 유안은 한 고조 유방의 손자이다. 어려서부터 책읽기를 좋아하고 거문고를 즐겨 탔다고 한다. 도교의 영향을 받은 유안은 오늘날과 같은 지방자치를 주장하는 등 사고가 깨어 있었으며 백성을 생각하는 마음이 지극하였다. 유안은 산속에서 종종 수양을 하였는데 이때 콩물을 먹었다. 먹다 남은 콩물을 보관했다가 시간이 지나 찾으니 오늘날의 두부처럼 굳어 있었고, 이를 백성들에게 알렸다는 설이 있다.

또 다른 설도 역시 유안과 관련 있다. 효심이 지극했던 유안에게 어느 날 어머니가 콩을 먹고 싶다고 하였다. 그런데 유안의 어머니는 이가 없었다. 이에 평소 호기심이 많은 유안이 콩을 갈아 두유를 만들었으며, 이를 보관하다가 두부가 되었다고 전하기도 한다.

아무튼 유안이 두부 만드는 법을 백성들에게 가르친 것만은 틀림없다. 유안이 살았던 곳은 중국 안휘성이며, 유안의 무덤도 이곳에 있다. 유안의 무덤 부근에는 '두부 발상지'라는 표지석이 있다. 유안이 태어난 9월 말이면 안휘성에서는 두부 축제가 열린다고 한다.

두부는 고려 말기에 원나라에서 전래되어 다양하게 발달했다. 단단하여 새끼줄로 묶어 들고 다닌 막두부를 비롯하여 연두부, 탄두부, 순두부, 베두부, 비단두부, 산 미꾸라지를 두부 속에 뚫고 들어가게 하여 만든 약두부 등 여러 가지 두부를 만들어 입맛에 따라 먹었다.

두부는 처음에 왕의 무덤인 왕릉에서 발달하기 시작했다.

고려시대에는 왕이 죽고 나면 왕릉 부근에 왕의 극락왕생을 기원하는 절인 원찰을 지었다. 이를 조포사造泡寺라 했는데 '두부를 제조하는 절'이라는 뜻이다.

조포사가 두부 문화 발달의 중심지가 된 것은 불교가 발달했

던 고려시대에 고기보다 두부를 제수용으로 많이 사용하였기 때문이다. 개성에 있는 조선 태조의 조포사인 연경사, 광릉에 있는 세조의 조포사인 봉선사는 두부 맛이 좋기로 소문난 곳이었다.

정약용이 지은《아언각비》에 따르면 "두부의 이름이 원래 백아순白雅馴이었는데 이를 방언이라고 생각하여 따로 이름을 지어 포泡라고 하였다."라고 기록하고 있다. 아마도 두부의 흰 빛깔 때문에 백아순이라고 했던 모양이다.

조선의 두부는 중국 명나라에서도 유명하였다. 1432년(세종 14) 12월 명나라에 사신으로 갔던 박신생이 명나라 황제의 칙서를 가지고 왔는데, 이 칙서에서 조선에서 보낸 궁녀들의 음식 솜

두부를 만들 때 콩을 가는 맷돌

씨를 극찬하고 특히 두부 만드는 법이 절묘하니 앞으로도 두부 잘 만드는 여인을 골라 보내줄 것을 당부한 내용에서 이를 추정할 수 있다.

또한 오늘날 일본에서 명성을 날리고 있는 고치高知 시의 당인두부도 임진왜란 때 일본에 잡혀간 경주성장 박호인이 처음 만든 것이다.

조선시대에 사대부들은 두부를 선물하기도 하고, 친목계인 연포회軟泡會를 조직하여 꼬챙이에 꿴 두부를 닭국에 끓여 모여서 먹고 놀기도 하였다. 《숙종실록》 숙종 7년(1681) 6월 3일 기사를 보자.

비변사의 여러 신하들을 임금이 불러들여 만났다. 영의정 김수항이 말하기를,

"근일에 각도에 파견된 암행어사 가운데 안후태는 가는 곳마다 술을 마시고는 취하여 길에 쓰러져서 지나다니는 사람들에게 비웃음을 샀고, 여러 고을에서 업신여김을 당했습니다. 목임일은 본도의 찰방·적객과 어울려 산사로 돌아다니며 놀

앉으며 연포회를 베풀기까지 하였습니다. 이 사람은 죄가 없을 수 없고, 안후태와 목임일은 더욱 놀랄 만합니다."

하니, 임금이 명하여 안후태와 목임일을 잡아들여 죄를 물었다.

고려 말기의 문신 목은 이색의 《목은집》에는 두부를 주제로 한 〈대사구두부내향大舍求豆腐來餉〉이라는 시가 기록되어 있다.

나물국을 오래 먹으니 맛이 없는데
두부가 새로운 맛을 돋우네
이빨 성근 이 먹기 좋고
늙은 몸 양생에 더욱 좋다
물고기 순채는 남쪽 월나라가 으뜸이고
양락은 북쪽 되놈 것이 으뜸이라면
우리 땅에서는 두부가 으뜸인지라

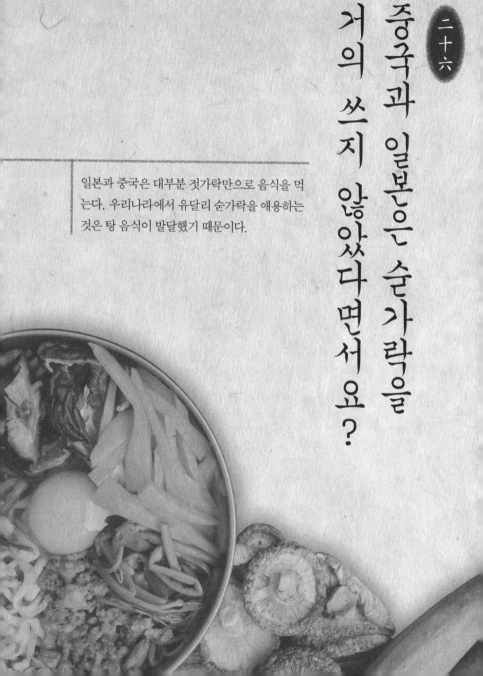

二十六

중국과 일본은 숟가락을
거의 쓰지 않았다면서요?

일본과 중국은 대부분 젓가락만으로 음식을 먹
는다. 우리나라에서 유달리 숟가락을 애용하는
것은 탕 음식이 발달했기 때문이다.

식사 도구는 동남아시아 사람들의 손가락부터 서양 사람들의 포크, 그리고 우리나라 사람들이 사용하는 숟가락과 젓가락 등 다양하다. 가장 초보적인 단계는 손가락, 그다음이 음식을 자르는 나이프, 그다음이 음식을 찍거나 집어 나르는 포크와 젓가락, 가장 발달한 단계가 숟가락이라고 한다.

　이런 면에서 볼 때 예로부터 숟가락과 젓가락을 함께 사용해 온 우리나라는 가장 발달한 식사 문화를 이루어왔음을 알 수 있다.

　우리나라에서 가장 오래된 숟가락은 나진 초도 조개무지에서 출토된 골제품骨制品이다. 이곳은 청동기시대의 유적이므로 기원전 10세기경에 숟가락을 사용한 것으로 추측된다. 중국에서는 《시경》에 숟가락 관련 기록이 처음 보이며, 일본에서는 기원전 3세기경의 유적지에서 숟가락이 출토되었다.

우리나라에서 처음으로 젓가락이 발견된 것은 공주 무령왕릉이다. 그러므로 우리나라에서 숟가락과 젓가락을 함께 사용한 때는 삼국시대로 추측할 수 있다.

중국에서는 전국시대(기원전 403~기원전 221)가 되어서야 젓가락을 사용했다는 기록이 있는 것으로 보아 숟가락보다 늦게 사용한 것으로 추측된다.

우리나라와 중국, 일본이 비슷한 시기에 숟가락과 젓가락을 사용했지만 세월이 흐르면서 중국과 일본에서는 젓가락을 주로 사용하면서 숟가락의 사용은 점차 줄어들었다.

우리나라에서 젓가락과 함께 숟가락을 많이 사용하는 이유는 우리나라의 음식에 탕 종류가 많기 때문이다. 밥과 함께 찌개나 국, 물김치 등 물기가 있는 음식을 먹었기에 숟가락이 꼭 필요했던 것이다. 또한 음양의 법칙에 따른 것이기도 하다. 둥근 숟가락은 양이요, 두 개의 젓가락은 음을 나타내 밥상 위에서도 음양오행 사상이 깃들어 있었던 것이다.

청동기시대에는 놋쇠·구리·아연·니켈의 합금인 백통으로 수저를 만들었으며, 가장 고급품은 은으로 만들었다. 백제시대 고

백제시대 수저와 그릇(공주박물관)

분에서는 금으로 만든 숟가락이 출토되었다. 황금색은 '중앙'을
뜻하며 백성과 신하에 대한 '믿음信'을 나타낸 것으로 추정된다.

숟가락의 모양도 시대에 따라 변했다.

고려 초기에는 숟가락의 자루가 크게 휘어졌으며, 중기의 것
은 자루 끝이 제비 꼬리 모양이다. 조선 초기에 이르면 휘어진 자
루가 곧바로 되고 숟가락 면은 나뭇잎 모양의 타원형으로 바뀌
었다. 중기 이후 자루는 곧고 길고 두꺼워졌으며 숟가락 면도 곧
게 바뀌었다.

수저에는 가정에 복이 깃들기를 기원하는 뜻에서 '복福'자나 '길 吉'자를 넣거나 꽃무늬를 새기기도 하였다.

우리나라의 풍습에 아기가 첫돌을 맞으면 개인용 수저를 선물로 주었고, 아이가 성장하면 큰 것으로 바꾸어주었다. 혼인을 하면 신부가 신랑과 자신의 밥그릇, 국그릇, 수저를 준비하여 평생을 함께하도록 하였다.

二十七

설탕이 약으로
쓰였다면서요?

설탕은 일본이나 송나라로부터 후추와 함께 들
어왔으며, 그 당시에는 약재로 사용하였다.

인류가 발견한 최초의 천연 감미료인 설탕은 열대 지방에서 자라는 사탕수수와 온대 지방에서 자라는 사탕무를 원료로 하여 만든다. 수크로오스가 주성분이며 포도당과 엿당 등의 다른 단맛을 지니는 당류를 포함하기도 한다.

　설탕의 역사는 아주 오래되었다. 식물학자들은 기원전 8000년경 뉴기니에 사는 사람들이 사탕수수를 처음 재배했다고 추정하고 있다. 뉴기니의 사탕수수는 기원전 6000년경에 필리핀과 인도로 전파되었으며, 기원전 327년 알렉산드로스 대왕이 인도로 원정군을 보냈을 때 사령관이었던 네아르코스 장군이 인도에서 발견했다고 한다.

인도에서는 처음에는 사탕수수를 가공하지 않은 채 그대로 씹어 먹었다가 굽타 왕조 때인 서기 350년경 결정 형태의 설탕을 만드는 방법을 찾아냈다. 200년 후에 인도의 사탕무 재배법과 설탕 제조법이 사산조 페르시아로 전파되었고, 이슬람 세력이 이 지역을 지배하면서 지중해 연안까지 사탕수수와 설탕이 전파되었다. 그리고 십자군 원정을 통해서 본격적으로 유럽에 전해지게 되었다.

오늘날 사탕수수를 많이 생산하는 카리브 해 연안의 쿠바, 푸에르토리코, 멕시코, 브라질로 전파된 것은 1492년 콜럼버스가 아메리카 대륙을 발견하고 에스파냐와 포르투갈이 지배하면서부터이다. 이들은 대규모의 사탕수수 농장을 만들어 아프리카 흑인들을 노예로 부리면서 많은 부를 쌓을 수 있었다.

한반도에 설탕이 들어온 것은 당나라나 일본과 왕래가 잦았던 삼국시대나 통일신라시대로 추정되지만 이 당시의 문헌 기록을 찾을 수 없고, 고려시대에 들어서 비로소 설탕에 관한 문헌 기록을 찾아볼 수 있다.

이인로의《파한집》에 "고려 때 혜소라는 스님이 임금께 화엄경을 강론하고 얻은 돈으로 설탕 100덩어리를 사서 방 안에 쌓아 두었다."는 기록이 보인다.

설탕은 후추와 함께 송나라나 일본의 규슈에서 들어왔는데,

그 당시에는 약재로만 쓰이다가 점차 일부 상류층의 기호품이 되었다. 설탕이 약재로 쓰인 사실은 이긍익의 《연려실기술》에 임진왜란을 당한 선조가 궁궐을 뒤로하고 피난하는 당시의 모습을 묘사한 기록에서 확인할 수 있다.

후궁 민빈은 가마멀미로 파주에 있고, 임금은 배를 타고 기다리노라고 벌써 이경이 가깝도록 저녁밥을 먹지 못하여 내시를 불러 술과 차를 드리라 하였으나, 모두 가져오지 않았다. 내의원에 있는 용운이 상투 속에 끼웠던 설탕 반 덩어리를 내어 강물에 타서 드렸다. 밤중에 동파관에 도착하여 비로소 싸래기밥을 먹고 세자 이하는 모두 끼니를 굶었다.

그러나 일반 백성들은 설탕에 대해 관심이 없었던 모양이다.

엿기름

아마도 설탕과 같은 감미료보다는 곡식을 가공한 감미료가 더 익숙했기 때문일 것이다. 백성들은 보리를 싹틔워 말린 엿기름으로 식혜나 감주, 엿, 조청 등을 만들어 감미료로 사용하였다.

특히 조청을 단지에 보관하고 음식을 조리할 때 감미료로 많이 사용하였으므로 설탕을 모르는 사람도 많았다. 이 같은 사실은 《광해군일기》 광해 2년(1610) 8월 30일 기사를 통해 알 수 있다.

정원이 아뢰기를,
"이번에 표류해 온 중국 사람들이 가지고 온 설탕과 흑설탕은 모두 쓸모없는 물품이어서 시장에서 사가는 사람이 없습니다. 이 때문에 지체하고 있으면서 비단 헛되이 날짜를 보낼 뿐만 아니라, 세 곳에 있는 허다한 중국 사람을 먹여주는 비용이 적지 않으며, 사은사의 행차가 중도에서 지체하고 있는 것도 몹시 온당치 않습니다. 그러니 그 짐바리를 운반함에 연로에 사소한 폐단을 끼치기는 하겠으나 이곳에 있으면 일이 끝날 기약이 없으니, 예조로 하여금 편리한 대로 개유해서 속히 독촉해 출발하게 하소서."
하니, 윤허한다고 전교하였다

설탕은 1970년대까지 명절 선물로 많이 쓰였다. 이것은 조선 시대도 마찬가지였다. 송시열이 저술한 《송자대전》에서, 1687년(숙종 13) 송시열이 김구지라는 사람에게 보낸 편지의 끝에 "보내

주신 붓과 설탕을 잘 받았습니다."라고 기록한 데서 알 수 있다.

우리나라에서 사탕무를 설탕의 원료로 사용한 것은 19세기 초부터이다. 그러나 오늘날에는 경제성이 없어서 생산이 거의 중단된 상태이다.

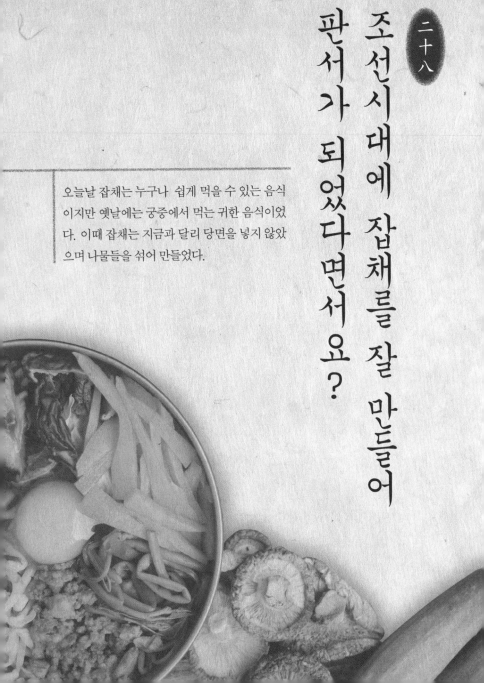

二十八

조선시대에 잡채를 잘 만들어
판서가 되었다면서요?

오늘날 잡채는 누구나 쉽게 먹을 수 있는 음식
이지만 옛날에는 궁중에서 먹는 귀한 음식이었
다. 이때 잡채는 지금과 달리 당면을 넣지 않았
으며 나물들을 섞어 만들었다.

잡채를 만들어 한 시대를 주름잡았던 인물이 있다. 《광해군
일기》 광해 11년(1619) 3월 5일 기사에서 그 사실을 확인할 수
있다.

이충이 죽었다. 이충은 이양의 손자로 성리학자들이 배척하
는 사람인데 외척과 혼인을 맺어 궁궐과 결탁하였으며, 간사한
무리에게 붙어서 관리 후보자로 추천되면서 높은 품계로 뛰어
올랐다. 사람이 매우 거칠고 음치한 데다 욕심까지 많고 성질
이나 행동이 매우 사납고 잔인하여 사람의 목숨을 한 포기 풀
이나 다름없이 여겼다. 일찍이 배에서 갓난아기가 우는 소리를

들고는 그 아기를 강에다 던져버리기도 했었다. 그는 진기한 음식을 만들어 사사로이 궁중에다 바치곤 했는데, 왕은 식사 때마다 반드시 이충의 집에서 만들어 오는 음식을 기다렸다가 수저를 들곤 했다. 당시에 어떤 사람이 시를 지어 조롱하기를,

더덕각로 권세가 처음에 중하더니

잡채상서 세력은 당할 자 없구나

하였는데, 각로는 한효순을, 상서는 이충을 지칭하는 것이었다. 효순의 집에서는 더덕으로 밀전병을 만들었고, 이충은 채소에다 다른 맛을 가미하였는데 그 맛이 희한하였다. 또 영건 도감의 제조로 있던 때는 부역에 동원된 사람들을 매우 혹독하게 감독하고, 환관들에게 대접이나 대우를 하는 데 정성을 다하여 섬기며 온갖 방법으로 아첨해서 토목공사를 극도로 장엄하고 화려하게 하는 데 도움을 주었다. 그런데도 왕은 그가 임금을 사랑한다고 생각하여 날로 더 총애하였으며, 벼슬을 높여주어 찬성에 임명하였다. 이때에 이르러 죽자 이틀 동안 조회를 중지하고 시신을 넣는 속 널과 겉 널인 관곽棺槨을 지급하고 별도로 부의를 전하게 하였다. 그리고 특별히 우의정에 제수하였는데 죽고 난 후에 추증하지 않고 곧장 재상에 임명하는 것은 이충으로부터 시작된 일이다. 왕은 매우 슬퍼하고 애석해하면서 "국가를 위해 자신이 원망을 받으면서도 맡은 일에 마음

을 다했다."고 전교하기까지 하였다.

이충이 여러 가지 채소를 섞어 잡채를 만들었는데 그 맛이 오묘하여 광해군은 이충이 음식을 가져오기를 기다려 수저를 들었다고 할 정도였다는 것이다. 이것이 우리나라에서 만든 최초의 잡채이다. 잡채로 광해군의 마음을 얻은 이충은 찬성 벼슬을 얻어 막강한 권력을 휘둘렀다.

잡채 재상 이충의 이야기는 광해군 재위기 전후에 편찬한 책에서 계속 언급되고 있다. 이정구·장유·이식과 함께 '월상계택(月象谿澤)'이라 통칭되는 조선 중기 한문사대가의 한 사람인 신흠이 1630년에 저술한 문집《상촌집》에는 "부끄러움을 모르는 자들이 임금과 가까운 간신에게 빌붙어 못할 짓이 없이 날뛰었던 것이다. 그리하여 심지어는 잡채상서雜菜尙書니 침채정승沈菜政丞이니 하는 말들이 세상에 나돌았는데, 이는 대체로 잡채나 침채 등을 바쳐서 총애를 얻었기 때문이었다."라는 대목이 나온다. 임진왜란을 겪은 뒤 혼란스러운 분위기에서 음식인 잡채나 김치가 벼슬을 얻기 위한 뇌물로 등장하였던 모양이다.

비슷한 시기에 나온 작자 미상의《일사기문》은 선조 때부터 인조 때까지 전하는 이야기를 엮은 책이다. 특히 광해군의 실정을 다룬 내용 중에 바로 '잡채재상' 이야기가 나온다.

"이충은 잡채를 임금에게 바쳐서 호조판서에 오르고, 한효순은 산삼을 바치고 갑자기 정승이 되었다."고 기록되어 있고, 《광해군일기》에 기록된 시구가 함께 소개되어 있다. 조롱 섞인 시구까지 나온 것으로 보아 세상 사람들의 이야깃거리의 중심에 있었던 모양이다.

1670년경에 발간한 《음식디미방》에 잡채에 대한 기록이 처음 보인다. "오이채, 무, 댓무, 참버섯, 석이버섯, 표고버섯, 송이버섯, 녹두질금, 도라지, 거여목, 마른 박고지, 냉이, 미나리, 파, 두릅, 고사리, 시금치, 동아, 가지, 꿩고기 등의 재료를 섞은 뒤 그 위에 생치(식용 꿩)를 삶은 국물에 된장 거른 것을 섞고 밀가루를 풀어 걸쭉하게 만든 즙액을 뿌리고 다시 천초, 후추, 생강가루를 뿌린 것."이라고 기록하고 있다.

《원행을묘정리의궤》에도 정조가 을묘년(1795)에 현륭원에 행차할 때 잡채를 먹었음을 기록하고 있다. 이때의 잡채는 오늘날의 잡채에 비해 훨씬 다양한 채소들을 가늘게 썰어 무쳐 먹는 정도였으며, 지금은 흔히 넣는 당면을 넣지 않은 점이 특징이다.

당면은 녹말을 원료로 하여 중국에서 처음 만들었다. 청나라 오랑캐로부터 전해졌기에 호면胡麵이라고도 불렀다. 처음에는 녹두로 만들었으나 지금은 고구마나 감자의 녹말가루로 만든다. 당면이 우리나라에 널리 보급된 것은 일본인이 1912년 평양에

잡채

당면 공장을 세우면서였다. 1919년에는 한국인인 양재하가 황해도 사리원에 당면 공장을 세우고 중국인을 고용해서 천연 동결 방법으로 대량으로 생산하였다. 그러므로 당면이 들어간 잡채는 1920년 이후 등장한 것으로 추정된다.

1924년에 발간한《조선무쌍신식요리제법》에는 당면을 넣은 잡채 조리법이 기록되어 있다.

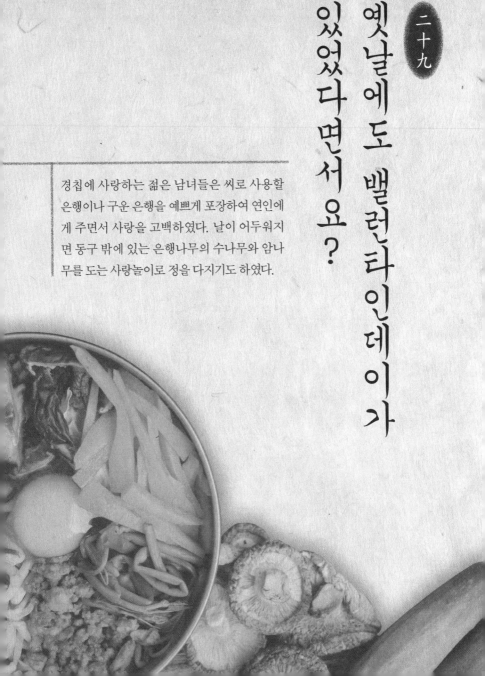

옛날에도 밸런타인데이가 있었다면서요?

경칩에 사랑하는 젊은 남녀들은 씨로 사용할 은행이나 구운 은행을 예쁘게 포장하여 연인에게 주면서 사랑을 고백하였다. 날이 어두워지면 동구 밖에 있는 은행나무의 수나무와 암나무를 도는 사랑놀이로 정을 다지기도 하였다.

경칩은 24절기의 하나로 3월 6일을 전후한 날이다. 봄의 세 번째 절기인 경칩은 '놀랄 경驚'자에 '겨울잠 잘 칩蟄'자를 쓴다. 날씨가 따뜻해지면서 풀과 나무에 싹이 트고 겨울잠을 자던 동물들이 땅 위로 나오려고 꿈틀거린다고 하여 붙인 이름이다. 옛날에는 계칩啓蟄으로 불렀으나 중국 한나라 경제의 이름이 유계劉啓여서 임금이나 어른의 이름자를 기피하는 피휘避諱의 풍습에 따라 경칩이 되었다고 한다.

　경칩에는 여러 가지 풍습이 있다. 잠에서 깨어난 개구리들이 웅덩이에 까놓은 알을 먹으면 허리가 아프지 않고 아픈 데 좋을 뿐 아니라 몸이 건강해진다고 한다. 지방에 따라서는 도롱뇽 알을 건져 먹기도 한다.

경칩에는 흙일을 하면 집안과 개인에게 별일이 없다고 해서 벽을 바르거나 담을 쌓기도 한다. 경칩에 벽을 바르면 빈대가 없어진다고 해서 일부러 흙벽을 바르는 지방도 있다.

빈대가 심한 집에서는 재를 탄 물을 그릇에 담아 방 네 귀퉁이에 놓아두면 빈대가 없어진다는 속설이 전하기도 한다.

젊은 남녀들은 경칩을 무척 기다렸다. 이날 사랑하는 젊은 남녀들은 씨로 사용할 은행이나 구운 은행을 예쁘게 포장하여 연인에게 주면서 사랑을 고백하였다. 날이 어두워지면 동구 밖에 있는 은행나무의 수나무와 암나무를 도는 사랑놀이로 정을 다지기도 했다고 한다.

농업에 관련한 내용을 기록한 《사시찬요》에 보면 "은행 껍데기에 세모난 것이 수 은행이요, 두모 난 것이 암 은행이라 했는데, 대보름날 은행을 구해두었다가 경칩에 지아비가 세모 은행을, 지어미가 두모 은행을 맞바라보고서 먹으면

수령 1200년의 용문사 은행나무

금슬이 좋아진다.”고 하였다.

　암수 은행나무가 서로를 사랑스러운 눈길로 바라보다가 수나무의 소포자낭이 바람에 날려 암나무의 밑씨에 전해져 수정되면 은행이 열리는 현상에서 생겨난 풍습이다. 또한 은행나무가 천 년을 살기에 오랜 사랑을 꿈꾸는 젊은 청춘들에게는 좋은 본보기였을 것이다.

　서양에서도 은행나무는 사랑의 나무로 알려진 모양이다. 독일의 유명한 문학가인 괴테는 〈은행나무〉라는 제목의 시에서 사랑의 나무로 표현하였다.

　　동방에서 내 정원으로

　　의탁해 온 나무가 있어

　　그 이파리, 비밀스런 의미를 맛보게 하네

　　아는 자를 기쁘게 하네

　　안에서 둘로 나뉜

　　하나인가

　　남들이 하나인 듯 알도록

　　선택된 둘인가

　　그 물음에 답하려다

　　올바른 의미를 발견했다네

그대는 내 노래에서

내가 하나이자 둘임을 느끼는가

오늘날 밸런타인데이나 화이트데이에 초콜릿이나 사탕을 주면서 사랑을 고백하는 것과 같은 풍속이다.

은행은 지금 심으면 손자 때나 열매를 얻을 수 있어 '손자목'이라고도 한다. 초콜릿이나 사탕은 건강을 해치지만 은행은 하루에 5~6알 정도 먹으면 건강에 아주 좋다고 한다. 그래서 경칩에 연인의 건강을 생각하면서 오래도록 사랑을 유지하고자 은행을 먹은 것이 아닐까.

오늘날에는 밸런타인데이 말고도 연인들을 위한 많은 기념일(?)이 있다. 3월의 화이트데이, 11월의 빼빼로데이 등이 그것이다. 물론 상술이 만들어낸 결과다.

조선시대는 성리학이 지배한 사회였다. 고려시대만 해도 자유롭게 연애를 할 수 있었으나 조선시대에 들어 '남녀칠세부동석男女七世不同席'이라고 하여 7세 이후 남녀가 함께 자리에 있는 것을 금하였다. 그래도 남녀가 만나도 되는 날이 있었다. 이때는 성리학자들도 어쩔 수 없이 인정을 했던 모양이다. 바로 명절이다.

조선시대에는 양기가 강한 날을 명절로 정했다. 음수가 겹치는 홀수 달의 홀숫날과 보름달이 뜨는 짝수 달의 보름이다.

단옷날에는 여인들이 그네를 타면서 맵시를 마음껏 뽐내며 공중으로 날아올라 뭇 사내들의 가슴을 설레게 하면서 연애를 청하게끔 유도한다. 남자들은 씨름으로 남성미를 과시하여 뭇 처자들의 눈길을 끌면서 사랑이 찾아오기를 고대한다.

남자와 여자가 우연을 가장하여 필연적으로 만날 수 있는 행사가 탑돌이다. 대개 부처님이 탄생한 4월 초파일에 소원을 빌며 탑 주변을 도는데, 그러다 이성을 만나 자연스럽게 연애에 빠지는 것이다. 《삼국유사》5권 〈효선〉 '김현감호조'에 탑돌이에서 만난 남녀의 연애 이야기를 다룬 호원설화虎願說話가 기록되어 있다. 그 내용을 살펴보자.

신라 풍속에 해마다 2월이 되면 8일부터 15일까지 남녀가 흥륜사의 전탑을 다투어 도는 의식이 있었다. 원성왕 때 낭군 김현이 밤늦도록 혼자 쉬지 않고 탑을 돌고 있었다. 그때 한 여인이 염불을 하면서 김현의 뒤를 따라 돌고 있었다. 둘은 서로 마음이 움직여 눈길을 주었다. 탑돌이를 마친 두 남녀는 구석진 곳을 찾아가 곧바로 관계를 가졌다. 여인이 돌아가려고 하자 김현은 그녀의 뒤를 따라가려고 하였다.

"낭군님은 저를 따라오시면 아니 되옵니다."

여인의 만류에도 김현은 억지로 그녀를 따라갔다. 결국 두 사람은 서산 기슭에 있는 그녀의 초가에 이르렀다. 이윽고 집 안에서 할머니가 나와 여인에게 김현에 대해 물었다.

여인은 지금까지 있던 일을 사실대로 말했고, 할머니는 이왕 저지른 일은 어쩔 수 없지만 형제들이 나쁜 짓을 할 것이 두려우니 구석진 곳에 김현을 숨기라고 일렀다. 김현은 여인에게 이끌려 구석진 곳에 숨었다. 얼마 뒤, 갑자기 세 마리 호랑이가 으르렁거리며 초가에 들어오며 사람처럼 말을 하였다. 호랑이들이 김현의 냄새를 맡고 말했다.

"집 안에서 비린내가 나네. 우리 요기나 합시다."

이에 할머니와 여인이 꾸짖었다.

"냄새는 무슨? 너희들 코가 이상한 것이지."

이때 하늘에서 큰 소리가 울렸다.

"호랑이들의 살육이 많아 마땅히 한 놈을 죽여 악을 징계하겠다."

그 소리에 호랑이들이 모두 두려워하자 여인이 나섰다.

"제가 벌을 받겠습니다."

이 말에 호랑이들은 모두 고개를 숙이고 꼬리를 치며 달아나버렸다.

여인은 김현에게 다가가 말했다.

"소녀가 낭군님과 관계를 가짐으로써 부부의 의를 맺었습니다. 소녀의 세 오빠가 악행이 심해 하늘이 재앙을 내리려 하니 낭군님의 손에 죽겠습니다. 소녀가 내일 시내에 들어가 사람들을 해치기 시작하면 왕이 나서서 사람을 모집할 것입니다. 그러면 낭군님이 나서서 소녀를 쫓아 성 북쪽 숲속까지 오세요."

이에 김현은 깜짝 놀라며 말했다.

"나를 살려주고 부부의 연을 맺은 당신을 차마 죽일 수 없습니다."

그러자 여인이 가로막았다.

"소녀의 죽음은 하늘의 명령이고, 소녀가 죽음으로써 큰 복이 일어날 것입니다. 소녀의 극락왕생을 위하여 낭군님께서 절만 지어주신다면 소녀는 더 바랄 것이 없겠습니다."

그리고 둘은 작별을 하였다.

다음 날, 사나운 호랑이 한 마리가 시내에서 사람들을 해치매 어느 누구도 당해낼 수 없었다. 이에 원성왕이 명령했다.

"호랑이를 잡는 이에게 2급 벼슬을 하사하겠노라!"

이 소식을 들은 김현은 대궐로 나아가 원성왕에게 아뢰었다.

"소인이 호랑이를 잡아 폐하께 바치겠나이다."

이에 원성왕은 김현에게 벼슬을 주어 격려했고, 김현은 즉시 칼을 쥐고 약속한 북쪽 숲으로 들어갔다. 과연 숲속에는 어제 보았던 여인이 반갑게 웃으며 김현을 맞이했다. 여인이 말했다.

"소녀와 정을 나눴던 순간을 잊지 말아주세요. 그리고 소녀가 사람들에게 낸 상처는 모두 홍륜사의 장을 바르고 절의 나팔 소리를 들으면 나을 것입니다."

그러고는 여인은 김현이 찼던 칼을 뽑아 스스로 목을 찔렀다. 여인은 그 자리에 쓰러지더니 이윽고 호랑이로 변하여 죽어버렸다.

김현은 숲에서 나와 자신이 호랑이를 잡았음을 알리고, 여인이 말한 처방을 사람들에게 알렸다. 그러나 여인과 정을 통한 이야기는 죽을 때까지 말하지 않았다. 김현은 벼슬길에 오르자 서천 가에 호원사虎願寺를 지었고, 늘《범망경》을 읽도록 하여 여인의 극락왕생을 인도하고 죽음으로써 자신을 성공으로 이끈 은혜에 보답했다. 김현은 죽기 직전이 되어서야 여인과의 지난날을 회상하며 〈논호림論虎林〉이라는 글을 지었다고 한다.

비록 설화이지만 탑돌이를 통해 남녀 간의 연애가 이루어졌음을 알 수 있다. 정월 보름날 밤에 행하는 다리밟기(답교놀이)에서도 남녀 연애가 이루어졌다.

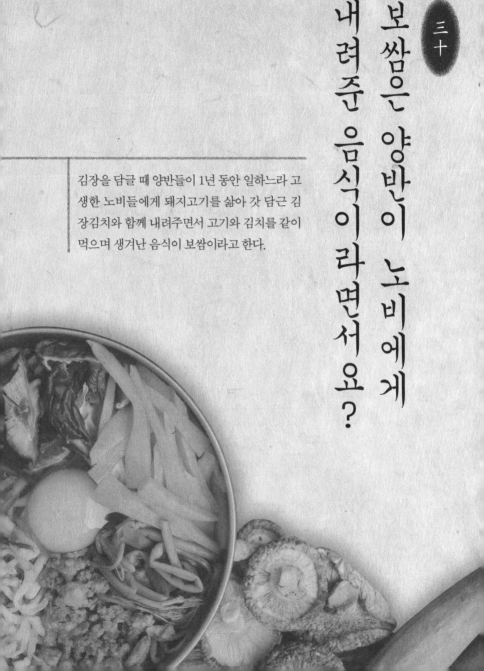

보쌈은 양반이 노비에게 내려준 음식이라면서요?

김장을 담글 때 양반들이 1년 동안 일하느라 고생한 노비들에게 돼지고기를 삶아 갓 담근 김장김치와 함께 내려주면서 고기와 김치를 같이 먹으며 생겨난 음식이 보쌈이라고 한다.

우리나라 사람들이 즐겨 먹는 음식 중 하나가 보쌈이다. 배추
김치나 상추에 싸서 먹는 보쌈의 맛은 어떤 고기보다도 맛이 있
다. 더구나 돼지고기가 기름기가 많아 건강에 그다지 도움이 되
지 않지만, 보쌈만큼은 기름기를 모두 빼내서 담백하게 먹을 수
있어 일본에서는 장수 식품으로 각광받고 있다.

　그렇다면 보쌈의 역사는 얼마나 오래되었을까?

　'보쌈' 하면 과부가 된 아녀자를 보자기에 싸서 홀아비나 가난
한 총각에게 시집을 보내는 것이다. 재혼을 금기시하던 시대에
여자들이 새로운 세상을 맛보는 기회이기도 했다. 하지만 성리
학자들의 눈에는 긍정적으로 보이지 않았을 것이다. 이에 보쌈

굴보쌈

이라는 음식명은 함부로 사용해서는 안 되는 것이었다.

이런 까닭에 조선 시대에 음식을 다룬 그 어떤 책에도 '보쌈'이라는 음식명은 보이지 않는다. 조선 후기 궁중 잔치를 기록한 《진찬의궤》나 조선 순조 때 빙허각 이씨가 지은 《규합총서》에도 보이지 않는다.

보쌈이라는 이름의 음식을 처음 선보인 곳은 1900년에 서울의 유명 음식점인 명월관이었다. 그런데 보쌈은 그 이전에도 존재했다고 한다. 그 유래는 두 가지 설이 있다.

하나는 '개성 보김치'이다.

개성의 배추는 잎이 넓어 배추 잎을 겹쳐 꽃잎처럼 펼치고 그속에 흰색의 넓은 주맥을 포기째 넣는다. 그 위에 갖은 양념과 고기를 얹어 만드는 것이 개성 보김치이다. 속의 넓은 주맥은 남자들이 먹고, 바깥의 잎은 여자들이 먹었다고 한다.

또 다른 설은 양반들이 1년 동안 고생한 노비들에게 내려준 음식이라는 것이다.

김장을 담글 때 양반들이 1년 동안 일하느라 고생한 노비들에게 돼지고기를 삶아 갓 담근 김장김치와 함께 내려주어 고기와 김치를 같이 먹으며 생겨난 음식이라는 것이다. 조선시대에 성리학자들이 꺼려서 이름조차 없던 음식이 비로소 이름을 얻게 되고 국민들의 사랑을 받게 된 것이다.

옛날에 우리나라에서 농사짓는 방법을 보면, 자기 땅을 가지고 자기가 농사를 짓는 자작농이 있는가 하면 광작廣作이라 하여 농사를 많이 짓는 사람도 있었는데, 이럴 경우는 농사일을 할 머슴을 데리고 짓기도 했다. 이 밖에 양반집에서는 많은 남녀 하인들이 주인집 농사를 전담하여 지어주었다.

주인 양반은 손 하나 까닥하지 않고 이들이 지어준 농사로 잘 입고 잘 먹고 지냈다. 이런 조건이었으므로 농사를 본격적으로 시작하기 전에 머슴들을 위한 위로의 잔치라도 베풀어줄 필요가 있었다. 그래서 2월 초하루를 중화절 또는 노동절로 정했으니, 말하자면 '머슴의 명절'인 셈이다.

지난해 가을 추수 이후 오랫동안 따뜻한 사랑방에서 새끼나 꼬고 땔나무나 조금씩 하던 머슴들에게 일을 시작한다는 신호로 잘 먹여야 할 때가 된 것이다. 떡을 만들고 술을 빚었으며, 넉넉한 집에서는 돼지까지 잡아 머슴들을 배불리 먹였으며, 동네 풍물을 가져다가 하루 종일 흥겹게 놀았다. 떡은 풍년을 기원하는 마음으로 정월 대보름날 마당에 쌓아놓은 볏가릿대의 벼이삭을 훑어내어 만들었다. 쑥이나 모시 잎을 넣은 쌀가루 반죽에 삶은 콩팥으로 소를 넣어 만든 송편을 머슴의 명절에 만들어 나누어주었으므로 '노비송편'이라고 한다. 노비들의 나이만큼 송편을 분배하여 '나이떡'으로 불린 노비송편은 머슴송편, 솔떡, 세병歲餠, 수복병壽福餠, 송엽병이라 부르기도 하였다. 8월 한가위에 먹던 추석송편과 대비하여 송편이라는 명칭 대신 2월 송병松餠이라 하여 차별을 두기도 하였다.

8월 한가위 송편이 한 입 크기로 예쁘게 만들었다면 노비송편은 어른 손바닥 크기 정도로 큼지막하게 만드는 것이 특징이다. 오늘날 서천이나 영광의 특산물인 '모시송편'이 노비송편의 모습이 아닐까 한다.

모시송편

노비송편의 재료인 모시나무

이날에는 세상에 내려와 집집마다 다니면서 농촌의 실정을 조사하고 음력 2월 스무날 하늘로 올라간다는 영등할머니를 위한 굿을 했다. 그 명칭은 지역에 따라 영동할만네·영동할맘·영동할마니·영동할마시·영동바람·풍신할만네 등으로 다양한데, 이 신이 딸을 데리고 오면 바람이 불고 며느리를 데리고 오면 비가 온다는 이야기가 전해 내려온다.

또 하나 재미있는 것은, 이날부터 스무 살 된 사람에게 어른 대접을 해주었다. 머슴의 명절날이 성년의 날인 셈이다. 스무 살 전에는 아무리 힘이 세고 농사일을 잘해도 아이 취급을 당해 어른들과 동등한 대우를 받지 못했는데, 이날 이후에는 어엿한 어른이 되는 것이다. 어른이 된 이들은 기쁨의 표시로 선배 머슴들에게 한턱을 톡톡히 냈다. 어른 대접을 받으면 상당한 이득이 있기 때문이었다.

농촌에는 품앗이라는 풍습이 있다. '품'은 장정이 하루 동안 일할 수 있는 분량이다. 가령 이쪽의 장정이 저쪽 집에 가서 일을 해주면 저쪽 장정도 이쪽에 와서 일을 해준다. 장정 혼자 닷새 할 일을 나흘 동안 다른 집 일을 해주고 정한 날짜에 일해준 네 사람의 품을 앗아다가 하루에 해치우는 집단 노동의 방법이다. 이럴 경우 아이는 장정의 반밖에 계산하지 않는다. 이틀이나 죽도록 일을 해주어도 저쪽에서는 장정 한 사람이 하루 품으로 때운다.

그러던 것이 노동절을 맞이하여 어른과 동격이 되니 얼마나 큰 이득인가?

음력 7월 15일을 전후해서도 호미씻이라는 노동절이 있었다. 초연草宴 또는 머슴날이라고도 한다. 머슴들이 제각기 음식을 마련하여 풍물을 울리며 신나게 하루를 즐기고, 가장 농사를 잘 지은 머슴을 뽑아 일 잘했다고 칭찬하며 술을 권하고 삿갓을 씌우고 소에 태워 마을을 돌아다니게 하였다. 이제 농사철도 다 지나고 하였으니 호미를 씻는다는 의미로 호미씻이라고 하였다.

그러므로 노동절은 본격적인 농번기를 맞이하여 머슴들을 위로하는 동시에, 머슴들에게 일할 마음의 준비를 해두라는 뜻으로 행한 행사라고 할 수 있다.

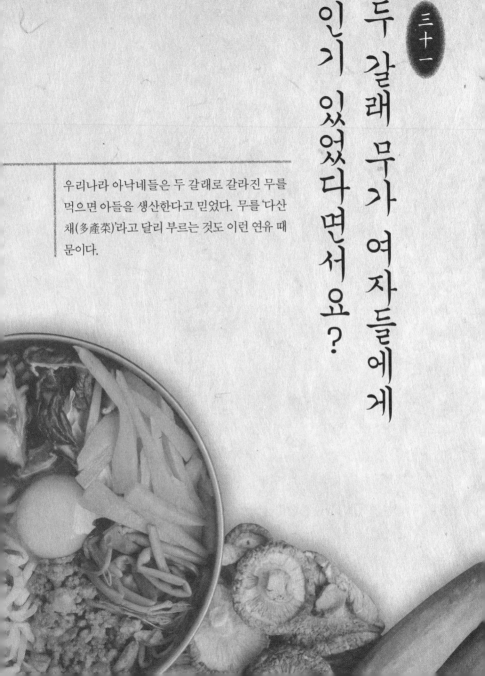

두 갈래 무가 여자들에게 인기 있었다면서요?

우리나라 아낙네들은 두 갈래로 갈라진 무를 먹으면 아들을 생산한다고 믿었다. 무를 '다산 채(多産菜)'라고 달리 부르는 것도 이런 연유 때문이다.

무는 사시사철 먹을 수 있는 채소로 깍두기, 무생채, 짠지 등
다양하게 조리할 수 있는 식재료이다. 우리나라에서 이렇게 무
를 다양하게 반찬으로 이용하는 데 비하여 서양에서는 주로 가
난한 사람들이나 먹는 형편없는 재료로 취급되었다.

　무는 지중해 연안에서 많이 재배되었다. 고대 그리스에서는
무를 매우 좋은 농산물로 여겨 신에게 바치기도 하였다. 기원전
2700~2200년경 이집트에서 피라미드를 건설할 때 노동자들에
게 식사로 마늘, 양파와 함께 무를 제공했다는 기록이 있다. 무는
비단길을 통해 서역에서 중국으로 전해졌다. 《후한서》〈유분자
전〉에 따르면 "장안을 외적이 포위하였을 때 1천 궁녀들이 무를

재배하여 먹으며 끝까지 저항했다."하여 '수절채'라고 불리었다. 중국 삼국시대에 촉한의 제갈량은 무를 심어 군량미로 이용하여 '제갈채'라고도 불리었다. 속살을 예쁘게 하는 데 효과가 있다는 속설이 있어 여자들이 숨어서 먹는다고 하여 '미용채'라고 불리기도 하였다.

우리나라에는 삼국시대에 중국에서 전해졌으며 고려시대에 널리 재배되었다. 이규보가 쓴 〈가포육영〉에 보면 "무는 소금에 절여 겨울 동안 저장해놓고 먹는다."고 할 정도로 널리 재배되었다.

조선시대에 들어와서는 구황작물로서 재배를 권장하기도 하였다. 《세종실록》세종 18년(1436) 윤6월 28일 기사에서 그 사실을 알 수 있다.

　임금이 말하기를,
　"무는 구황에 있어 크게 유리한 점이 있는 식물이다. 옛 사람이 이르기를, '1묘畝 땅에 이를 심으면 1천 명을 살릴 수 있다.'고 하였으니, 어찌 근거 없이 그렇게 말하였겠는가. 우리 태종조와 내가 즉위한 후에도 사무를 맡은 관리가 그 이로운 점을 말한 바 있었으나 끝내 아직 시행하지 못하고 지금까지 그대로 나왔지만, 여염의 서민들은 다만 겨울철에 먹는 소채로만 이용할 뿐 아직 많이 심는 자가 없는데 이는 그 이점을 몰라서 그러는 것이다. 금년 가을에는 민간에 무씨를 미리 비축한 자가 없을 것이므로 이를 많이 심게 하기는 어려울 것이나, 금후로는 매년 봄철에 민간으로 하여금 무씨를 많이 채취 비축하게 하였다가 가을이 되거든 그해 농사의 풍흉을 막론하고 이를 많이 심어 구황에 대비하게 하는 것을 일상의 법으로 정하게 하는 것이 어떨까. 또 생각하건대 대저 민심이란 옛 법에 젖어 새 법을 꺼려하는 법이어서, 무씨를 심는 것이 비록 흉년에 살게 하는 도리요 큰 도움이 된다 해도, 생각하건대 반드시 이에 힘쓰기를 꺼려할 것이니 이를 억지로라도 심게 할 것인가. 의견을 말하도록 하라."

하니, 모두가 아뢰기를,

"구황에 이롭기로는 무가 가장 으뜸이 될 것이오나, 다만 무지한 소민들이 그 이점을 모르고 있는 것입니다. 더욱이 살아나가는 데에 유리한 것은 비록 많이 심게 한다 하더라도 무엇을 꺼릴 이유가 있겠습니까. 금후로는 각 고을의 수령으로 하여금 무를 심는 것이 구황에 유리한 점을 순순히 권고하고 설득시켜, 봄에 씨를 받아 가을에 많이 심게 하는 것으로써 영구한 법규로 삼도록 하옵소서."

임금이 그렇게 시행하도록 하였다.

《성종실록》성종 12년(1481) 5월 19일 기사에서도 무 심기를 권장하고 있다.

무는 구황하는 긴요한 것이니, 여러 도道의 수령들에게 삼밭·채소밭·메밀밭에다 주민들을 권장하여 많이 심게 하소서.

아마도 고구마와 감자가 전래되기 전 도토리와 더불어 구황작물로 이용된 듯하다. 이처럼 무는 우리나라 사람들의 생활과 밀접하였다. 오죽했으면 노래까지 전할까?

처녀에는 총각무 / 입 맞췄나 쪽무
부끄럽다 홍당무 / 여덟아홉 열무
방귀 뀌어 뽕밭무 / 물어봤자 왜무
이쪽저쪽 양다리무 / 첫날 신방 단무
처녀 팔뚝 미끈무 / 거짓 없는 순무
오자마자 가래무 / 이화춘풍 봄무
단군기자 조선무 / 정이 들라 뻐드렁무
군량 대던 제갈채무 / 추풍낙엽 얼간이무
크나마나 땅딸이무 / 미끈하다 장다리무

두 갈래 무. 요즘은 종자가 개량되어 보기 힘들어
졌다.

우리나라 여자들에게 무 중에서도 가장 인기 있는 것은 두 갈래로 갈라진 무이다. 두 갈래로 갈라진 무를 먹으면 아들을 생산한다는 믿음 때문이다. 이런 연유로 무를 '다산채^{多産菜}'라고도 한다.

오늘날 '무다리'는 여자를 비하하는 말이지만, 한시에서는 예쁘게 생긴 여자의 팔을 무에 비유하였다.

무는 소화를 돕고 속을 따뜻하게 하며 혈액 순환을 좋게 해준다고 알려져 있다. 《동의보감》에 "무는 성질이 따뜻하고 맛이 매우면서 달고 독이 없다. 음식을 소화시키고 담벽(痰癖: 몸의 분비액이 큰 열을 받아 생기는 병)을 헤치며 입이 마르는 것을 멎게 하고 뼈마디를 잘 놀릴 수 있게 한다. 오장에 있는 나쁜 기운을 씻어내고 기침이나 가래에서 피를 토하는 것과 심신이 허약하고 피로한 것을 치료한다. 밀가루와 보릿가루의 독을 제어할 수 있다."는 기록으로도 그 사실을 알 수 있다.

三十二

고구려가 동아시아를 지배한 이유 중 하나가 소금을 차지했기 때문이라면서요?

고구려가 강성해진 이유 중 하나는 광개토대왕이 요하 서쪽의 소금산을 차지하면서 소금 무역을 통한 부를 축적했기 때문이다.

소금은 인간 생활에 없어서는 안 될 귀중한 생활필수품이었기에 원시시대부터 사용하였다. 당시에는 바닷물을 증발시켜서 얻거나, 바다에 사는 조류를 태워서 얻기도 하였다. 아라비아의 거상巨商들은 소금기가 있는 오아시스에서 소금을 얻었다. 유럽에서는 철기시대부터 암염을 채취하여 먹었다.

　암염은 지구가 간빙기와 빙하기를 거치며 바다가 육지로 변하면서 염도가 높은 바닷물이 광물로 퇴적되어 이루어졌다. 암염을 부수거나 암염에 끓는 물을 부어 녹인 후 물을 증발시켜 사용하였다. 또한 염도가 높아 생물이 살 수 없다고 하여 이름 붙인 사해死海나 소금호수인 솔트레이크Salt Lake의 물을 증발시켜 소금을 제조하였다. 신석기 혁명 이전에는 동물이나 식물을 섭취함으로써 자연스럽게 소금을 섭취하였다.

신석기시대에 이르러 농경과 목축을 하고 일상생활에서 음식을 불에 조리하여 먹으면서 소금이 필요하였다. 기원전 6000년경부터 소금을 본격적으로 이용하였다. 소금을 만들 수 있는 지중해 해안의 건조한 지역에 도시가 발달하여 무역의 중심지가 되었으며, 에스파냐에서는 소금을 수송할 목적으로 도로를 만들었다.

이탈리아 반도의 도시국가인 베네치아와 제노바는 '파르마 치즈'에 쓰이는 소금을 차지하기 위해 전쟁을 벌이기도 하였다.

서양에서는 소금이 부의 가치를 나타냈다. 고대 그리스 사람은 노예를 사고팔 때 소금으로 거래하기도 했다. 가난한 사람들은 소금을 얻으려고 딸을 파는 인신매매까지 하는 경우도 있었다. 그 밖에 고대 여러 나라에서는 관리들의 봉급을 소금으로 주기도 하였다. '병사에게 주는 소금 돈'을 뜻하는 'salary'의 어원이 소금을 뜻하는 'salt'라는 사실이 이를 증명해주고 있다.

아메리카 대륙의 잉카, 아스텍, 마야에서는 소금이 곧 권력의 상징이었다.

중국에서는 처음에 소금으로 동전을 만들어 사용하였다. 중국 문헌《상서尚書》에 은나라 때에 이미 소금을 조미료로 사용했다고 기록하고 있다. 《주례》에 따르면 소금을 관리하는 '염인鹽人'이라는 관리를 두었다고 한다. 중국에서는 이들 기록보다 훨씬 오래전부터 소금을 사용하였다. 기원전 6000년경부터 중국 북쪽 상서 지방의 원청호에서 소금을 채취한 것으로 추정된다. 사천 지방에서는 기원전 3000년경부터 소금을 생산하였다. 이때 채소를 소금에 절여 먹기도 하였다. 기원전 27세기에 재상 숙사씨宿沙氏가 처음으로 바닷물을 끓여 소금을 채취하였다는 기록이 있다.

중국에서는 소금 판매를 국가가 통제함으로써 재정을 확보하려고 하였다. 사마천이 저술한 《사기》에 따르면 춘추전국시대 제나라는 국가 재정의 많은 부분을 소금 판매로 얻었다고 한다. 춘추전국시대의 혼란을 통일한 진나라의 시황제도 통일에 필요한 재정을 확보하기 위해 소금을 전매하고, 다른 나라와 소금 무역으로 재정을 확보하였다. 한나라 무제는 기원전 119년에 소금과 철을 오직 국가에서만 사고팔게 하는 전매제도를 실시하여 국가 재정을 확보하기도 하였다. 그는 '염정鹽政'이라는 관리를 두어 소금 전매를 담당하게 하면서 대외 팽창정책을 펴나갔다.

소금 '염鹽'자를 풀어보면 '소금(로: 鹵)을 관리(신: 臣)가 감시하는(감: 監)' 것이니, 이로써 곧 나라에서 소금을 관리했음을 알 수 있다.

근대에 들어서도 소금은 여전히 중요하였다. 1776년에 일어난 미국독립혁명을 더 확대시킨 것은 식민지에 대한 영국의 소금 봉쇄 조치였다. 1789년에 일어난 프랑스대혁명을 더 확대시킨 것도 소금 때문이었다. 이처럼 동서양을 막론하고 소금은 생활에 꼭 필요한 필수품이었다.

고구려가 동아시아 패권을 장악하는 데 바탕이 되었던 세 가지 물적 토대는 바로 소금과 말馬, 질 좋은 철이었다. 그중에서도 소금을 으뜸으로 칠 수 있다.

고구려가 동아시아의 패권을 장악한 것은 19대 광개토대왕 때부터이다. 고구려의 소금 중 특히 중국에서 인기 있었던 소금은

동양의 피라미드로 불리는 광개토대왕릉. 한 변의 길이가 63m이다.

발해만에서 생산되는 소금이었다. 발해만에서 생산되는 소금은 우리나라 전통 소금 생산 방식을 따랐기에 불순물이 적고 쓴맛보다는 단맛이 났다. 중국 하나라의 시조 우임금이 "황실에서 쓰는 소금은 발해만에서 나는 소금으로 하라."는 이야기가 전해오는 것으로도 알 수 있다. 광개토대왕은 요하 서쪽의 소금산을 차지하여 많은 소금을 생산할 수가 있었으며, 이를 중국과 일본 등에 수출하여 큰 이익을 얻었다. 이렇게 얻은 부을 바탕으로 질 좋은 철로 무기를 만들고 군사를 길러 강력한 고구려를 건설할 수 있었던 것이다.

중국 진나라 때 진수가 지은《삼국지》〈위지동이전〉'고구려조'에 소금을 해안 지방에서 운반해 왔다는 기록이 있다. 고려시대에는 도염원都鹽院을 두고 소금가마를 국가에서 관리하면서 소금을 제조·판매하였다. 조선시대에는 연안의 주군마다 설치한 염장鹽場에서 소금을 구워 백성들이 가져온 쌀이며 천과 교환하는 염장역미법鹽場易米法을 실시하였는데 1411년(태종 11)에 폐지하였다.

여진족이나 일본인들은 소금을 얻기 위하여 우리나라를 자주 침략하기도 하였다.《태종실록》태종 6년(1406) 5월 10일 기사를 보자.

동북면 도순문사 박신이 상언하였다.

"경성·경원 지방에 야인의 출입을 금하지 아니하면 혹은 떼지어 몰려들 우려가 있고, 일절 끊고 금하면 여진족이 소금과 쇠를 얻지 못하여서 혹은 변경에 여진과 오해가 생겨 충돌이 일어날 것이 걱정입니다. 원하건대 두 고을에 무역소를 설치하여 저들로 하여금 시장으로 와서 물건을 교환하도록 하소서."

임금이 그대로 따르고, 다만 쇠는 수철(탄소 함량이 높은 철로 무쇠라고도 함)만 오직 사가게 하였다.

우리나라에서 천일염을 처음 생산한 곳은 1907년경 인천 주안 앞바다이다.

이전에 생산한 소금은 바닷물을 졸여서 만든 자염煮鹽이었는데 조선시대에 해변 고을의 토산물이었다. 자염을 만드는 방법은 다음과 같다.

오늘날 대표적 염전인 부안 곰소염전
(한감자블로그님 제공)

부안 곰소염전 소금창고(한감자블로그님 제공)

1. 갯벌에서 소를 이용해 써레질을 한다.
2. 써레질로 고랑이 생기면

그곳에 일반 소금물보다 더 농축된 짠 소금물이 나오는데, 이를 함수라고 한다.

3. 함수를 가마솥에 담아 10시간 동안 끓인다.
4. 끓이는 동안 거품(불순물)을 걷어낸다.
5. 막대기에 끈으로 연결한 계란이 달린 대롱을 이용하여 염도를 측정한다.

이런 과정을 거쳐 만든 자염은 입자가 고우며 염도가 낮다. 특히 거품을 걷어냈기에 쓴맛과 떫은맛이 전혀 없다.

삼국시대 이전부터 일제강점기까지 이런 과정을 거쳐 소금을 생산했던 것이다.

세종대왕은 피곤할 때 자염을 자주 복용하였다. 자염은 감칠맛이 나면서 아미노산이 많기 때문에 오늘날 링거 식염수와 같은 기능을 한 것으로 생각된다. 역시 우리 조상들의 기술이 뛰어났음을 알 수 있다. 일제강점기에는 소금을 전매하여 저들의 배를 불리는 수단으로 이용하였고, 1961년에 염전매법이 폐지되자 종전의 국유 염전과 민영업계로 나누어졌다.

참고 문헌 ·

《고려도경》, 민족문화추진회 역, 서해문집, 2005
《과학·기술로 보는 한국사 열세 마당》, 최남인 엮음, 일빛, 1994
《교실 밖 국사 여행》, 역사학연구소, 사계절, 1983
《교육사 신강》, 안상원, 형설출판사, 1980
《국역 동국이상국집》, 민족문화추진회 역, 한국학술정보, 2006
《국역 연려실기술》, 민족문화추진회 역, 민족문화문고간행회, 1988
《나의 문화유산 답사기 ①》, 유홍준, 창작과비평사, 1993
《나의 문화유산 답사기 ②》, 유홍준, 창작과비평사, 1994
《동국세시기》, 장유승 역, 아카넷, 2016
《동아원색세계대백과사전》, 동아출판사, 1992
《100문 100답 한국사 산책》, 박현, 백산서당, 1994
《사도세자》, 이재운, 책이있는마을, 2014
《삼국사기》, 이병도 역, 을유문화사, 1983
《삼국유사》, 이재호 역, 명지대출판부, 1978
《상대적이며 절대적인 우리말 백과사전》, 이재운, 책이있는마을, 2016
《상식 밖의 한국사》, 남경태, 새길, 1995
《쑹내관의 재미있는 한국사 기행》, 송용진, 지식프레임, 2013
《LTE 한국사》, 민병덕, 책이있는마을, 2014
《역주 고려사》, 동아대고전연구, 태학사, 1987
《왕릉》, 한국문원 편집실, 한국문원, 1995
《우리나라 여성들은 어떻게 살았을까? ①》, 이배용 외, 청년사, 1999
《우리나라 여성들은 어떻게 살았을까? ②》, 이배용 외, 청년사, 1999
《우리말 한자어 사전》, 이재운, 책이있는마을, 2005

《조선 상식 문답 ①, 속편》, 최남선, 삼성문화재단, 1972
《조선시대 사람들은 어떻게 살았을까? ①》, 한국사연구소, 청년사, 1996
《조선시대 사람들은 어떻게 살았을까? ②》, 한국사연구소, 청년사, 1996
《조선전》, 이민수 역, 탐구당, 1976
《조선조 궁중 풍속 연구》, 김용숙, 일지사, 1987
《조선 후기 노비 신분 연구》, 전형택, 일조각, 1994
《주제가 있는 한국사》, 강경표, 진영사, 2013
《택리지》, 노도양 역, 명지대출판부, 1978
《한국 근세 여성 사화》, 이옥수, 규문각, 1985
《한국민족문화대백과사전》, 한국정신문화연구원, 1993
《한국사 대사전》, 고려출판사, 1992
《한국사 수록》, 김용덕, 을유문화사, 1984
《한국사의 길잡이》, 김무진·박경안, 혜안, 1995
《한국사의 탐구》, 김용덕, 을유문화사, 1981
《한국사 이야기 주머니》, 김명, 녹두, 1995
《한국인의 과학 정신》, 박성래, 평민사 1993
《한국인, 한국학》, 조선일보, 1991
《한국 주거사》, 홍형옥, 민음사, 1992
《한권으로 읽는 고려왕조실록》, 박영규, 웅진닷컴, 2004
《흥부의 작은 마누라》, 이훈종, 한길사, 1994

〈이규태 코너〉, 조선일보 1985~2003
〈이덕일 사랑〉, 조선일보 2005~2007
〈정종수역사민속산책〉, 강원도민일보 2005~2006

http://sillok.history.go.kr(조선왕조실록)